Amélie VINEY

MA FILLE ET MOI, NOS VIES ENTRELACÉES

Son combat pour la vie est devenu mon combat pour le bonheur

© Mémoire Partagée, Vedène, France, 2024
Témoignage collecté et transcrit à l'automne 2023
mise en page et couverture par
par Florence SALOU de Mémoire Partagée
www.memoire-partagee.fr

Correction par Laure LE GARS - correctrice
www.ecrire-français.fr

Photo de couverture: Jérémy SINKA
www.jeremysinka.com/studio
400, chemin du Pont de la Sablé
84800 L'Isle sur Sorgue
06 50 92 91 19

Pour toi May-Lan,

Ma fille que j'aime plus haut que les étoiles
et plus que ma vie.
Tu es ma plus belle histoire d'amour,
je t'aime.

Ce livre est le récit de notre histoire,
qu'il te permette de mieux la comprendre quand tu seras grande,
que tu saches surtout que rien n'est de ta faute,
qu'il puisse aider ceux qui mènent ces luttes-là, aussi.

Amélie VINEY

MA FILLE ET MOI, NOS VIES ENTRELACÉES

Son combat pour la vie est devenu mon combat pour le bonheur

MA
GROSSESSE

L'enfer

C'est décidé, je fais un tour aux urgences. Enfin, Anthony l'a décidé, parce que moi, je sais bien que sans fièvre ni douleur, on me dira que ce n'est rien de grave. Depuis début juillet, je suis nauséeuse. Ça a été d'abord ma cigarette du matin qui me dégoûtait, puis l'alcool des apéros. J'avais pensé à une indigestion. Maintenant, c'est pire, plus rien ne passe. Je ne peux plus manger, je ne peux plus boire sans vomir. Je suis épuisée de vomir plusieurs fois par jour. Bilan : je perds du poids. Je ne suis déjà pas bien épaisse. Je me sens exténuée mais ça ne m'empêche pas de continuer à travailler. C'est sûr qu'à ce rythme, ce week-end, je suis particulièrement vide d'énergie. Depuis ce matin, je n'arrive plus à sortir du canapé. Sauf pour vomir, souvent, très souvent. Anthony lui ne trouve pas ça normal et s'inquiète de me voir ainsi.

Je deviens un zombi, sans explications. Mais de là à aller aux urgences, pour des vomissements répétitifs… J'ai refusé. Il a fallu qu'Anthony fasse venir ma mère et Fabien, mon beau-père, qui ont fait la route depuis Arles, une heure, pour me faire monter dans la voiture.

C'est vrai, j'aimerais quand même bien savoir ce qui me met dans cet état. Le centre d'IRM où je travaille s'est inquiété pour moi, un des radiologues m'a proposé de passer une échographie un après-midi, après ma matinée de boulot. J'y suis allée vessie pleine, classique. Rien, il n'a rien vu de significatif et a même ajouté : « En tous cas, c'est sûr, tu n'es pas enceinte ! » Il ne m'avait rien demandé de mes projets bébé ni de ma contraception. Pour moi, de toute façon, ça n'était certainement pas la question. Depuis mon endométrite*, traitée tardivement et en urgence vers mes vingt-deux ans, l'idée de tomber enceinte facilement avait été balayée par le médecin. Certes, j'ai arrêté ma contraception en avril, mais avec mes antécédents médicaux, il faudrait plusieurs mois, voire plusieurs années pour que ça prenne.

Aux urgences, le médecin me questionne rapidement sur ma contraception. Oui, j'ai arrêté la pilule, mais mon patron, radiologue, a bien vu à l'échographie que je n'ai pas de bébé dans le ventre. De toute manière, j'ai eu mes règles, il y a deux semaines. Je leur indique de chercher d'autres pistes.

Ma mère, à mes côtés, se réjouit d'apprendre en passant l'arrêt de ma contraception. Moi, je veux juste arrêter de vomir. Je voudrais pouvoir manger, ou boire comme avant. Un interne m'ausculte. On me fait une prise de sang. En attendant de trouver la cause, une perfusion me requinque. Au bout de quelques heures, je me sens un peu mieux et le bilan sanguin est bon. Je sors avec une ordonnance, rien d'extraordinaire. Les médicaments classiques pour traiter les

* inflammation de la paroi de l'utérus

nausées. Cependant, le résultat des bêta HCG* n'est pas encore arrivé. Ils me contacteront s'ils sont positifs. Pas de souci, je suis sûre qu'ils ne m'appelleront pas.

Nous rentrons à la maison. Anthony est au volant, moi à ses côtés, ma mère et mon beau-père sont à l'arrière. Je regarde la route, je n'ai pas de réponse à mes vomissements, mais le traitement me soulagera. Peut-être. J'espère.

Je suis perdue dans mes pensées, le regard fixé sur la route qui défile, un appel inconnu fait sonner mon téléphone. Au bout du fil, l'interne qui m'a reçue. Il n'a pas le temps pour les formules prévenantes et m'annonce : « Vous êtes enceinte de presque trois mois, il faut rapidement faire une échographie de datation. »

Je plonge dans l'absurde. C'est impossible. C'est impossible. Je ne peux pas être enceinte : l'échographie, les règles, l'endométrite… Ils se sont trompés.

Je raccroche, j'annonce le résultat, froidement : « Je suis enceinte ». C'est surréaliste à dire, je m'effondre. Autour de moi, dans la voiture, tout le monde crie de joie. De ma mère et mon beau-père qui chantent les surnoms de grands-parents qu'ils s'étaient choisis : « On est des jayas, on est des jayous ! », à Anthony qui hurle sa joie de devenir papa. Affaissée au fond de mon siège, perdue, une vague de panique m'emporte. Je plonge dans un monde irréel, dans la

* taux d'hormones marqueurs de grossesse

panique, la terreur, noyée dans mes larmes.

La voiture s'arrête, nous sommes à la maison. Ils découvrent mon regard et comprennent que ce ne sont pas des larmes de joie. Sans doute se disent-ils que je suis sous le choc de l'annonce et que je vais vite reprendre le dessus. Anthony et mon beau-père préfèrent me laisser parler avec ma mère. Mon compagnon ne semble quand même pas vraiment rassuré de me voir réagir ainsi. Sous prétexte de fêter la bonne nouvelle, ils partent chercher ce qu'il faut pour célébrer l'événement dignement.

Je me retrouve seule avec ma mère qui me questionne sur la cause de ma terreur. L'explication ? Les mots ne viennent pas. Je suis juste paniquée. Je ne peux pas m'empêcher de pleurer. Elle est intriguée et me demande si j'avais bien arrêté la pilule de moi-même. Oui, c'est moi qui ai choisi. J'avais donc le projet de faire un bébé ? Oui, j'avais enfin accepté l'idée d'avoir un enfant. Tout le monde le sait dans mon entourage, je ne me suis jamais sentie maternelle. Je n'ai jamais aimé l'idée de travailler avec des enfants. Je n'étais pas gaga des bébés, contrairement à certaines de mes amies. J'aurais pu facilement faire ma vie sans en avoir. C'est vrai, l'envie d'Anthony avait mis du temps à me contaminer, mais parce que c'était lui et moi, c'était devenu possible dans ma tête. Oui, avec Anthony. Mais pas si vite, je pensais avoir plus de temps. Avec l'endométrite, je pensais que ça prendrait des mois, du temps. Du temps pour en parler souvent, pour me projeter. Ce n'est pas possible que ça ait pris si rapidement après l'arrêt de la pilule. Ils se sont trompés de personne au laboratoire des urgences, c'est certain.

Selon ma mère, le fait de comprendre mon état devrait m'aider rapidement à aller mieux. Et les nausées ne durent que trois mois, donc dans quelques semaines, j'arrêterai de vomir, je vais reprendre des forces, et je serai plus sereine. Après tout, elle a été mère avant moi, elle doit avoir raison.

Je me suis calmée, je regarde mon ventre. Il n'a jamais été aussi plat. C'est un paradoxe vertigineux. Je porte encore mon bracelet d'admission au poignet. À défaut de pouvoir faire une annonce émouvante à mes proches, il restera l'objet souvenir de cette folle annonce.

Voilà nos hommes qui reviennent, les bras chargés. Ils sont trois à se réjouir de l'arrivée de cet enfant. Moi, mon cerveau n'en démord pas : endométrite, échographie, ils se sont trompés. Je dois voir les résultats sanguins écrits. Mon beau-père passe à peine le pas de la porte, je lui demande de rappeler l'hôpital pour me faire envoyer le bilan. Ils révéleront une erreur d'identité, sans aucun doute.

Le mail ne tarde pas à arriver. Je clique, impatiente d'en finir avec ce malentendu. Mon nom, mon prénom, ma date de naissance sont exacts. Un taux élevé de bêta HCG est écrit juste au-dessous. Mais non, c'est impossible. Il reste une explication : peut-être ont-ils interverti les étiquettes sur les tubes au labo ? Il faut que je vérifie avec un test de grossesse. Je file aux toilettes.

Positif, incroyable. Un faux positif, ça existe… Le deuxième test de grossesse est aussi positif. Je capitule, je sombre : je suis enceinte. Le médecin l'a dit, les résultats sanguins le montrent et les deux tests le prouvent ; pourtant mon ventre ne montre rien, je ne ressens rien. Où est ce bébé ? Comment a-t-il pu se nicher si vite en moi ?

Je rejoins mes proches tous excités dans le salon autour de l'apéro. J'évite bien sûr l'alcool, j'évite tout en fait, puisque rien ne passe. Il y a quand même un peu de joie au fond de moi. Je la partage au téléphone avec mon père, puis avec ma sœur, qui tous deux entendent bien quelques pleurs me secouer, mais tout le monde se réjouit de la bonne nouvelle. Personne ne s'y attendait. Moi la première !

…

L'écho de datation se fait rapidement grâce à mes contacts à l'hôpital. Cette fois, l'embryon est bien là, le cœur bat. Il a deux mois et demi. C'est surréaliste de penser que ce « truc », comme je l'appelle, qui ne ressemble pas à un bébé, est là sans que je le sente et qu'il va pousser sans que je ne fasse quoi que soit. Le terme est fixé au 17 mars, Anthony est du 17 mai. Il en est fier, ce nombre dix-sept est un bon signe !

...

De retour au travail, j'annonce ma grossesse à mon patron qui me répond avec légèreté : « Je m'en doutais un peu ! » Comment ça ? Pour lui, des nausées sans autre symptôme, ça ne cache pas un grand mystère. Il est heureux pour moi et s'étonne vite de ma réaction. C'est comme ça, je n'arrive pas à me réjouir avec les autres.

Je croise aussi ce radiologue qui m'avait annoncé que je n'étais pas enceinte. C'est un homme sincèrement gentil qui part à la retraite. Je ne tiens pas à revenir sur son erreur. Je ne lui en veux pas.

...

Mes amies sont surprises, elles savent que je ne suis pas très bébé. Elles sont folles de joie. Avec elles non plus, je ne savoure pas la nouvelle. Elles ne comprennent pas cet état de tristesse qui m'assaille.

...

Malgré le traitement, malgré le mot posé sur ces nausées incontrôlables, malgré le troisième mois passé, les vomissements sont toujours là. Je n'ai pas de répit. Ils m'amaigrissent, m'épuisent, me désolent profondément.

Hors de question qu'ils m'empêchent de travailler, mais c'est une lutte que d'essayer de garder une vie aux apparences normales. La moindre gorgée de liquide me fait vomir trois fois. La moindre bouchée de nourriture me fait vomir dix fois. Je vomis même le ventre vide. Un réflexe musculaire digestif qui se répète facilement trente fois par jour, qui me tord le ventre et m'épuise. Ma vessie n'a plus de force pour leur résister. Pendant ces contractions intenses, elle ne contient plus le peu de liquide ingéré. Je vis un cauchemar le jour. La nuit, j'arrive encore à dormir, mais dès que j'ouvre l'œil, je suis dans la minute sur les toilettes. Le moral commence à flancher sérieusement et l'inquiétude à pointer son nez. Le quatrième mois est largement entamé, et je ne vois pas d'amélioration.

Je me fais suivre régulièrement par mon médecin en qui j'ai confiance. Je ne veux pas d'un gynéco homme, je suis trop pudique. Elle, elle me connaît depuis un moment. C'est une femme, ça me va très bien. À chaque visite, elle me voit m'affaiblir, tant physiquement que moralement, et n'a d'autre réponse que : « Allez, tenez bon, ça va passer dans quelques semaines. » Je suis un zombi, le médecin n'a pas de solution et personne ne peut me dire quand ce cauchemar va cesser… Je glisse dans le désespoir, avec l'angoisse de ce « truc » dans mon ventre qui me détruit chaque jour un peu plus.

Septembre 2016

Voilà quelques semaines que je ne mange quasiment plus, que je ne bois presque plus. J'avale une petite bouchée de ce qui peut encore me faire envie, quelques fois dans la journée. Je mouille à peine mes lèvres de boissons sucrées. Elles me donnent un peu d'énergie, mais elles me font plus vomir que l'eau, alors parfois je n'ai que quelques gouttes d'eau dans ma bouche. Mon estomac n'a pas gardé de nourriture depuis un moment.

Je tiens bon au boulot. Quand je suis en accueil de patient, je m'absente soudainement du guichet pour aller vomir puis je m'en excuse. Quand je suis en transcription de comptes-rendus, mes allers-retours aux toilettes sont moins gênants.

Je n'ose pas sortir faire les courses, et si je vomissais au milieu d'un rayon ? Je n'accepte plus d'invitations, je n'invite plus personne à la maison, mis à part la famille très proche. C'est trop difficile de tenir une conversation légère, d'être souriante et de vomir tous les quarts d'heure…

C'est ainsi qu'on finit quasiment seule. Heureusement, Anthony, mes parents et ma sœur me soutiennent. Alexandra, ma cousine, est enceinte de son troisième enfant, nous échangeons de temps à autre de nos nouvelles. Elle vomit aussi, un peu, elle me comprend.

De quarante-deux kilos, la balance est descendue en quelques semaines à trente-huit kilos. Ma sœur, diététicienne, s'inquiète de mon IMC*. Au téléphone, elle me questionne, fait ses calculs : pour elle, je suis en danger. Je dois me faire hospitaliser.

Effectivement, je ne tiens plus debout, et me lever est un effort insurmontable. Je tiens à peu près au travail, mais à la maison, des malaises me font tomber régulièrement. Et puis, il y a ces douleurs de temps en temps, en bas du ventre, ce doit être à force de vomir… Je n'en peux réellement plus, je sens que je dépéris, ça m'angoisse. Ma sœur a raison.

…

Quelques jours sous perfusion me réhydratent et m'alimentent. Cependant, rien ne calme les vomissements. « On ne peut pas vous proposer plus de traitement. » Le repos m'aide à reprendre des forces. Les douleurs du bas-ventre sont en réalité des contractions qu'il faut surveiller. Cependant, ils ne peuvent pas me garder des mois… L'hôpital vient alors à la maison, mon lit de soin s'improvise dans le canapé et j'oublie le travail quelques jours.

…

Les infirmières se relaient six fois par jour pour surveiller ma perfusion et mon état. Je n'aime pas qu'elles rentrent dans mon intimité. Je n'aime pas non plus que ce

* indice de masse corporelle

soit mon homme qui me douche, me lave les cheveux ou me rase. Je trouve ça même dégradant pour nous deux, mais c'est plus supportable que d'être touchée par une inconnue.

Et cette perfusion qui m'attache à ce portant à roulettes, partout, jusque dans les toilettes quand je vais vomir, et H24, même la nuit quand je dors… Elle me gêne, j'ai peur qu'elle s'arrache. J'ai toujours été libre de faire ce que je voulais, quand je voulais depuis mes dix-sept ans ; cette perf est une prison. La voir accrochée à moi me stresse profondément et ça n'arrange sûrement pas mes angoisses. Elle me redonne juste un peu de force. Mais avec ou sans elle, mes vomissements restent les mêmes. Avec elle, mes angoisses redoublent. Les bagnards ont un boulet à la cheville, moi j'ai une perfusion, aussi pesante qu'une chaîne dans mon esprit.

…

Un soir de plus dans mon canapé… Et voilà, ma perf s'est arrachée. Ce n'est pas beau à voir, je ne sais pas quoi faire. Anthony non plus. L'angoisse monte rapidement et finit par m'envahir. La crise d'angoisse est là, je ne gère plus rien de mon corps ni de mes pensées. Anthony appelle les pompiers qui viennent me chercher et m'embarquent telle que je suis, en pyjama, pieds nus.

Les premières infirmières d'accueil remettent la perf au mieux. Pitié, je veux quelque chose pour stopper mes vomissements et mes angoisses. Cette perfusion n'y fait rien… Le médecin des urgences gynécologiques me reconnaît, il m'a déjà vue quelques jours auparavant. Il n'a pas un regard sympathique, encore moins empathique. Sans m'ausculter, il me renvoie : « Je vous ai dit qu'on ne pouvait rien faire pour vous ! »

Incroyable, je me suis fait mettre dehors, sans solution, sans aide. Je suis toujours en crise d'angoisse, pieds nus, en pyjama, affaiblie, sous la pluie, je traverse tant bien que mal le parvis pour rejoindre le parking où est garé mon homme. La nuit s'annonce angoissante avec cette perfusion remise à la va-vite entre deux autres urgences et mes allers-retours aux toilettes. Je dois attendre l'infirmière du matin…

…

J'occupe mes journées à me préparer à la venue du bébé. Je parle de grossesse avec ma cousine Alexandra et ma sœur. Drôle de hasard, avec mon autre cousine Maryline, nous sommes toutes les quatre enceintes, avec quelques mois de décalage. J'aime regarder l'émission « Baby Boom » pour voir de beaux accouchements. Ma sœur, pour son premier, m'avait dit que c'était horrible. Dans cette émission, je vois de jolies histoires, j'ai besoin de voir que ça peut bien se passer. Tout est bon pour tenter de me rassurer.

…

Ma cousine Alexandra vient d'accoucher. Nous avons quasiment le même âge et avons partagé quelques mois de grossesse. Elle m'envoie un message pour annoncer sa bonne nouvelle. Son fils est prématuré, mais tout s'est bien passé. Ouf ! Je me le répète pour bien l'intégrer : « Tout s'est bien passé ». Ça n'a pas été l'horreur que ma sœur a pu me raconter. Elle en profite pour prendre de mes nouvelles et pour m'encourager. Elle sait que j'en bave, mais elle reste positive : « Tu verras, tout ira bien ! »

…

Après dix jours d'hospitalisation à domicile, je veux qu'on m'enlève cette perf qui ne me sert à rien, qui me stresse plus qu'autre chose. Je pense que ça va arrêter mes vomissements. Je me sens mieux physiquement, je suis réhydratée et requinquée. Autant être libre ! Les infirmières ne sont pas d'accord, mais mon médecin sent bien que si l'on continue, c'est mon cerveau qui va vriller. Alors, on me l'enlève, enfin.

…

Non, finalement le stress de la perfusion n'est pas un facteur aggravant. Avec ou sans perf, avec ou sans facteur de stress, rien ne fait varier l'intensité des vomissements. Les vomissements et les angoisses sont restés les mêmes. Tourner en rond dans mon salon n'arrange rien. Il est temps de retourner au travail. Mon médecin, inquiète, m'aménage un mi-temps thérapeutique. Tant bien que mal, je tente de garder une normalité en préparant la venue du bébé : imaginer la chambre, collectionner de jolis vêtements, réfléchir au prénom…

Aller régulièrement à Lyon dans ma famille m'aide à tenir un peu, ce qui n'empêche pas de fondre en larmes régulièrement devant eux.

Octobre 2016

Aujourd'hui, c'est jour de marché. L'occasion de promener et prendre l'air avec Anthony. Mon téléphone sonne, c'est ma sœur. Elle n'a pas sa voix normale, elle est grave. J'entends qu'elle me raconte qu'Alexandra est entrée aux urgences hier à cause d'un mal de tête insupportable. Elle y a croisé sa sœur Maryline, son accouchement est sur le point de se faire. Alexandra a fait une rupture d'anévrisme hier après-midi puis elle est tombée dans le coma. Les chirurgiens l'ont ponctionnée dans la soirée. Les médecins observent ces premières heures décisives avant de se prononcer, mais ils ne sont pas très optimistes. Sa sœur est sur le point d'accoucher, personne ne lui a rien dit pour qu'elle vive son premier accouchement sereinement.

Étrangement, la nouvelle n'est pas rassurante, mais je ne suis pas très inquiète. Alexandra a mon âge, elle est maman, elle vient de donner la vie encore une fois et tout s'est bien passé. Elle va se réveiller, ce n'est pas possible autrement.

…

Un message m'annonce que Zoé est née. Ma tante est deux fois grand-mère en moins de dix jours. Une de ses filles devient maman pour la première fois et l'autre est plongée dans le coma. C'est tragique. Maryline est très proche de sa sœur, Alexandra doit être la marraine de sa petite. Ma sœur me raconte qu'elle s'est inquiétée de ne pas recevoir ses félicitations. Elle a trouvé étrange la mine de ses parents et a décidé d'appeler les hôpitaux alentour, jusqu'à réaliser qu'elle l'avait croisée aux urgences, et appeler celui où elle se trouve. Une secrétaire l'a informée…

Ma sœur m'appelle encore. Le neurologue n'est pas optimiste et préfère nous préparer au pire. Alexandra ne sera plus jamais autonome pour quoi que ce soit, si elle se réveille… Il faut se préparer à la laisser partir. Mais pour ma tante, c'est impossible. Elle dit qu'elle l'assumera, qu'elle prendra soin d'elle, de ses petits-enfants.

…

Deux jours sont passés, dans la tristesse. Nous savons tous ce qu'il va se passer pour Alexandra, ma tante a besoin de temps, et d'y croire encore. Ici, je me prépare pour aller manger chez les parents d'Anthony.

Sur la route, mon téléphone sonne, encore le nom de ma sœur. Je n'ai pas besoin de décrocher pour savoir : cette fois, c'est bel et bien fini. Je pense à ma cousine, à son fils d'une semaine, à ses deux autres enfants, à sa sœur, à ma tante… Je pleure. Quelle tristesse, quelle injustice ! « C'est terminé. Alexandra n'est plus avec nous. » Anthony arrête la voiture quelque temps, pour que je laisse aller mes larmes, pour qu'il me réconforte. Mon cœur est brisé, ma tête ne comprend pas comment ça a pu arriver. Nous étions quatre cousines enceintes. Deux ont accouché : l'une a perdu la vie, l'autre a perdu sa sœur adorée. On est loin des jolies histoires de « Baby Boom »…

Arrivée chez ses parents, je ne peux pas sortir de la voiture. J'en suis incapable, sidérée. Je veux être seule pour me noyer dans mon chagrin. Ma belle-mère ne l'entend pas comme ça. Elle insiste pour que je rentre avec eux, malgré les reproches d'Anthony qui a bien compris que j'étais déjà épuisée, angoissée et que la triste nouvelle m'achevait. Mais à force d'insister, ma belle-mère me fait sortir de la voiture.

Le repas se passe comme si nous étions un jour normal. Mon cœur est en miettes et je fais au mieux pour faire bonne figure. Impossible de tenir, je quitte régulièrement la table pour fondre en larmes. J'ai vraiment besoin d'être seule. Alexandra avait mon âge, elle était enceinte comme moi. Elle n'est plus là. Devant mon chagrin, la mère d'Anthony essaie de me faire arrêter de pleurer. Elle semble gênée, et m'explique que le bébé ressent mes émotions et que je risque d'en faire un bébé anxieux. Mais comment peut-on s'interdire de pleurer une telle tragédie ? Comment refouler cet immense chagrin pour protéger un bébé qui n'en a pas encore la forme, du moins dans mon esprit. Je viens de perdre ma cousine soudainement, et l'on me demande d'arrêter de pleurer pour protéger ce bébé qui fait de moi un zombi épuisé et amaigri.

C'en est trop, la colère devient un réflexe. Ça fait des semaines que personne ne comprend mon état, et là on ne comprend pas mon chagrin. Je suis seule dans mon univers d'angoisse et de tristesse, mais personne ne veut l'entendre

ou visiblement personne ne semble me comprendre. Seul Anthony reste patient et prévenant, il fait ce qu'il peut. Je sais que je peux compter sur ma maman, mon beau-père Fabien, mon père et ma sœur. Ils ne sont pas à côté pourtant ils sont là pour moi. Et il y a aussi ma meilleure amie Céline, qui ne me lâche pas, alors que je sens bien que d'autres prennent leurs distances. Ils ne me reconnaissent pas, moi-même je ne me reconnais pas.
Pour le moment, on me demande de ne pas être triste et je suis en rage.

…

À Lyon, loin de moi, la famille prépare les obsèques d'Alexandra. J'aimerais tellement être avec eux. Selon mon médecin, Anthony et ma tante, mon état n'est pas raisonnable pour faire la route. Ils y sont tous, sauf moi. Ça me déchire. Ma tante me rassure, elle veut que je prenne soin de moi, elle ne veut pas que je vienne. Mais il n'empêche que je m'en veux, je culpabilise.
C'est déjà démoralisant d'être coincée ici à cause de mon état de santé, mais là, mon canapé, mes vomissements, mes malaises, les contractions, mes angoisses et mon épuisement deviennent une prison.

C'est l'heure de l'enterrement, je les imagine tous ensemble se soutenant dans la peine. Je prends mon courage à deux mains, j'installe et j'allume des bougies, pour participer à ma façon. Mon regard plonge dans ces flammes. Je pense à elle, à son bébé, à ma tante… La tristesse, la colère et la sensation d'enfermement débordent, je sors prendre l'air dans le jardin avec Anthony.

Je pensais que ça calmerait ma tension intérieure, malheureusement non. Je suis une boule de nerfs. J'explose, littéralement. Mes poings frappent tout ce qui passe, mes mains cassent ce qui traîne, mes larmes coulent sans s'arrêter, ma bouche hurle quelque chose d'animal. Anthony ne me reconnaît plus, il ne sait plus quoi faire. Mais qui peut y faire quelque chose ?

…

Des jours que mes larmes, mes angoisses, mes vomissements, tous incontrôlables, rythment mon quotidien. Anthony prend du temps pour m'apaiser. Nous discutons des heures pour trouver la raison de ces angoisses envahissantes. Je suis persuadée qu'elles amplifient mes vomissements. Elles étaient là avant le décès d'Alexandra, ce n'est donc pas ça qui les a déclenchées. Empirées, peut-être. Chaque piste est un espoir d'aller mieux, mais les vomissements reviennent toujours et les angoisses avec. Les infirmières, le médecin, Anthony, personne ne comprend ce qui se passe dans ma tête. Moi non plus d'ailleurs. Des fois, je me dis que je suis folle. Je veux juste aller mieux, arrêter de vomir, faire disparaître l'épuisement… et les angoisses si difficiles à expliquer à ceux qui n'en ont jamais eu. Elles vous tordent le cœur qui s'affole, vous écrasent les poumons, assaillent vos neurones, prennent les commandes de votre raison et sans explication rationnelle, vous avez la sensation concrète de mourir dans la seconde. Mais vous ne mourez pas, vous restez juste dans un état de panique totale qui vous décroche du réel et chaque minute devient une journée complète, les jours deviennent des mois. Le temps semble être ralenti infiniment, devenir pesant…

…

Parfois, je me dis que ce sont ces vomissements permanents et mon épuisement qui sont la source de mon mal-être. La peur de ne pas savoir être mère sans doute aussi, mais pas à ce point-là… Mon corps disjoncte depuis qu'il y a un bébé dedans. Mon esprit a suivi. Je suis persuadée que dès la sortie du bébé, mon corps retrouvera son fonctionnement normal. Mais la fin de la grossesse semble hors d'atteinte. Trop loin pour tenir jusque-là.
Je me force à manger un peu même si j'ai peur de vomir à chaque bouchée : Coca, salade, cornichons. L'appétit a fini par disparaître. Moi qui aimais cuisiner, c'est devenu une corvée.

…

Ma sœur, enceinte de trois mois de moins que moi, vient régulièrement à la maison. Malgré ses vomissements (moins fréquents tout de même), elle fait le trajet depuis Lyon pour profiter de moi enceinte, pour me soutenir aussi. Cette fois, je fais un effort, je prépare un plat un peu plus consistant que ma salade : des saucisses au vin. Je peux vous le dire, c'est horrible à vomir !

…

J'ai beau supplier mon médecin de me donner quelque chose pour m'aider, pour m'apaiser, pour me retrouver, il ne semble pas y avoir de solution : il faut préserver le bébé. La balance ne montre pas d'amélioration, les vomissements me dévastent. Il ne comprend pas, ne sait pas comment m'aider. Moi, je ne vois pas comment je pourrais tenir jusqu'à l'accouchement… J'en suis à quatre mois et demi, je suis au bord du gouffre physique et moral. Je demande même à faire sortir le bébé, « ce truc », que je ne vois pas, que je ne sens pas dans mon ventre qui s'arrondit tout doucement. Il n'en est pas question. Le bébé est trop développé pour une interruption, mais pas assez pour une césarienne prématurée. Tant pis, je vais continuer à travailler pour échapper à mes angoisses et à m'épuiser de vomissements et de dénutrition.

…

L'hôpital est devenu un lieu de passage régulier, pour surveiller mon « utérus contractile ». Cette fois encore, les contractions répétées, qui ne sont pas vraiment douloureuses puisque mon corps s'y est habitué, me font rencontrer un nouveau médecin. Il me découvre très affaiblie physiquement et moralement, toujours sujette aux incalculables vomissements quotidiens notés dans mon dossier. Ce médecin me propose un traitement. Enfin ! Oui, mais… c'est un médicament prescrit comme anti-vomitif aux patients en chimiothérapie, délivrable sur ordonnance spéciale, avec un dosage très surveillé. C'est un médicament très puissant qui n'a pas été testé sur les femmes enceintes. Le Zophren.

De manière générale, je ne suis pas très fan des médicaments. Je recule souvent le moment de les prendre, j'en prends le strict minimum. Mais je me sens si faible à mi-grossesse que si ce traitement peut me permettre de tenir pour les mois suivants, alors, pourquoi pas ?

…

Ô joie ! Deux jours rythmés par quelques légères nausées, je retrouve un corps qui fonctionne à peu près normalement.

…

Ô malheur… La pause aura été de courte durée. Ces satanés vomissements reviennent, comme avant. Si ce traitement de la dernière chance ne m'aide pas, qu'est-ce qui me permettra de tenir ?

…

Je suis prête à tout essayer pour me soulager : ostéopathie, réflexologie plantaire… Sans résultat. Pas l'homéopathie, je n'y crois pas vraiment.

…

Un ami de mes beaux-parents me propose ses services de marabout. Au point où j'en suis…

Eh bien non, ce n'est pas lui qui me sauvera, il quitte la maison en courant après avoir eu des réactions très étranges ! Il préfère fuir l'énorme mauvais sort qui pèse sur moi. Que faire de ça ? C'est flippant.

…

L'échographie du deuxième trimestre devrait me permettre de me projeter plus facilement dans la venue de ce bébé. J'ai hâte de savoir si c'est une fille ou un garçon ! Nous avons déjà commencé à lui prévoir des affaires. Le prénom est choisi depuis bien avant la grossesse.

Comme ce bébé me rend malade, et c'est peu dire, j'espère qu'il va sortir avec un peu d'avance. Tout est quasiment prêt. J'ai tellement hâte d'être « libérée, délivrée » !

Le gynéco constate que le bébé est plus petit que la norme… Un RCIU* qui risque même d'avoir trompé la datation de quelques semaines. En même temps, comment nourrir cet enfant quand ma seule alimentation autonome se résume à quelques bouchées et quelques gouttes d'eau sur le bout des lèvres ? Il lui est difficile de dire si c'est une fille ou un garçon. Dans le doute, il préfère s'abstenir. Je suis déçue. Vraiment. Je rentre sans savoir si je dois préparer une chambre de fille ou de garçon… Et puis, j'ai bien entendu que le bébé a un retard de croissance. Il n'est pas en danger, mais tout de même, cette échographie qui devait me remonter le moral ne m'aide pas.

…

Tout mon entourage est inquiet. La plupart des amies ont pris leurs distances, ont disparu… Heureusement, ma mère et ma sœur m'appellent plusieurs fois par jour. Comme souvent depuis le début, j'ai mon père en visio. Comme à chaque fois, il me voit pleurer, angoissée. Je pleure, je pleure chaque jour en pensant à Alexandra. Ce deuil ne me quitte pas. Pourquoi elle qui avait tout pour être heureuse ?

* retard de croissance intra utérin

Pourquoi ce n'est pas arrivé à moi qui suis si mal ? Ça aurait été plus logique non ? Mon père me manque terriblement. Il est parti pour six mois, profiter de sa retraite en Asie. Je lui avais dit de le faire, qu'il aurait le temps de profiter de nous à son retour. Je ne savais pas encore que ce serait si difficile, que j'aurais tant besoin de lui. Mais je me refuse de le supplier de rentrer, je veux qu'il profite de son bonheur de voyager.

…

Le travail reste une bouée de sauvetage. Je suis épuisée, mais je ne peux plus rester seule dans mon canapé. J'ai besoin d'y aller, de penser à autre chose, d'apaiser mes angoisses. Être entourée de radiologues, auprès de mon patron bienveillant, c'est la meilleure solution. Je tiens bon le matin et me repose l'après-midi.

…

Très vite, mon patron sent que quelque chose ne va pas et m'en parle. Je m'effondre devant lui, sans arriver à me retenir ni à lui répondre. Entre deux pleurs, je lui parle de mes vomissements incessants, de mes angoisses et du décès de ma cousine. Avec douceur, il me propose de venir à son cabinet dans l'après-midi, puisque je ne travaille pas. Il voudrait me faire une échographie et voir ce bébé caché dans mon tout petit ventre. Ce ventre sur lequel j'arrive toujours à fermer ma blouse de travail. Personne ne se doute en me croisant que je suis enceinte de cinq mois, sauf si je porte un haut moulant, alors là seulement, on devine mon petit ventre.

Je pourrais peut-être savoir si j'attends une fille ou un garçon. Anthony rêve d'une fille. Moi, je n'ai pas de préférence. Quand ma sœur était enceinte la première fois, je voulais une nièce. L'idée d'un garçon ne me plaisait pas, mais j'ai vite vu que je pouvais tomber d'amour pour un petit garçon. Je suis même tellement fan de mon neveu Joam que je me demande si j'arriverai à ressentir la même chose pour mon bébé à moi. Alors, une fille, un garçon, peu importe. Tout ce que je veux, c'est que bébé soit en bonne santé. Quand on voit des malades toute la journée à l'IRM, on espère juste la santé.
Mon patron me l'annonce enfin, c'est une fille. Je suis heureuse. Heureuse aussi de savoir qu'Anthony sera comblé.

Ma famille est encore en deuil, ce n'est pas évident de leur annoncer cette nouvelle avec joie. Ma grand-mère n'a pas le temps de me féliciter, elle fond en larmes. Elle vient de perdre une petite-fille et apprend qu'elle va avoir une arrière-petite-fille. Toutes les émotions sont confuses.

...

Une petite pépette. Je peux enfin me projeter, décorer sa chambre, acheter des bodys girly, des petites robes… Je réalise vraiment qu'il y a un bébé dans mon ventre. L'image de « ce truc » vivant sous ma peau reste surréaliste. Je suis pourtant dans le médical, mais mon cerveau n'arrive pas à comprendre comment un corps peut fabriquer un petit humain, qui grandit, qui bouge. J'attends d'ailleurs de la sentir bouger, mais rien… Ma mère me dit de m'allonger et de me détendre. Rien… Un ventre pas bien gros, pas de sensation, j'en arrive à me demander si elle est toujours là. Les vomissements et les angoisses quotidiennes semblent me dire que oui.

…

Ça y est, je sens quelque chose sous la peau de mon ventre. Je ne le touche quasiment jamais. C'est quelque chose que j'ai toujours trouvé désagréable. Mais je sens par la peau de mon ventre quelque chose qui bouge, presque imperceptible. C'est vraiment étrange. Une sensation que je ne commande pas, qui vient de quelqu'un à l'intérieur de moi. Au moins, maintenant, je sais qu'elle est là, c'est rassurant.

…

Les angoisses et les vomissements ne passent toujours pas. Je n'en peux plus, je pleure tout le temps. Nous parlons encore et encore, pendant des heures, avec Anthony pour essayer de comprendre ce qui m'angoisse à ce point.

Décembre 2016

Je suis dans le sixième mois, je me force à manger un peu. Tant pis pour les vomissements qui s'aggravent, pour le nœud d'angoisse qui bloque ma gorge. C'est ça ou je vais y rester et le bébé avec. J'arrive à dormir de neuf heures à minuit puis, le reste de la nuit, j'angoisse. Je pleure seule, sans réveiller Anthony. C'est devenu invivable, réellement. Ma vie n'est plus qu'une torture physique et mentale de chaque minute, que l'épuisement ne me permet plus de gérer. Je n'ai jamais été mal comme ça avant d'être enceinte. J'en suis certaine, mon corps ne supporte pas la grossesse, mais il n'y a pas de solution pour que ça aille mieux. Mes idées deviennent de plus en plus sombres, puisque je suis condamnée à m'affaiblir toujours plus. Des fois, je me dis que je pourrais en finir de moi-même pour que ce cauchemar cesse. Je réfléchis même au meilleur plan pour ne pas emporter le bébé avec moi. Chaque jour me semble un Himalaya mental à affronter. Je surveille les jours restants avant le terme sur mon appli de décompte. Et chaque jour, je me demande sincèrement comment tenir jusque-là, comment tenir un jour de plus. Anthony, ma famille, le travail m'aident, un peu, à passer les heures. Mais chaque jour qui arrive est plus lourd.

…

À chaque passage à la maternité pour surveiller ces contractions régulières, je croise une nouvelle sage-femme, un nouveau gynécologue ; à chacun, je réexplique mon état, ma dénutrition, mes angoisses… J'en profite pour leur dire ouvertement : « Je suis à bout, je vais faire une bêtise, faites quelque chose ! » Aucun d'eux ne semble m'entendre. Aucun d'eux, en tout cas, ne me propose de solution.
Le pire, c'est d'être clairement consciente de mon état. Je ne suis pas dans un délire, je me rends bien compte que je ne suis plus moi-même, que je fais vivre un enfer à Anthony. Il le sait, je comprendrais qu'il me quitte. Je ne comprends même pas comment il me supporte. Mais il ne lâche rien. « Tu as une grossesse de merde, mais tu verras l'accouchement se fera sans problème, et après tu retrouveras l'appétit, tes forces et ton moral avec ». Il est tellement patient…

…

        Je commence les cours de préparation à l'accouchement. Pourquoi me suis-je inscrite en piscine ? Peut-être pour être plus détendue dans l'eau que sur un tapis d'hôpital ? Eh bien, je peux vous dire que, quand on est enceinte et au bout du rouleau, ce n'est pas apaisant de barboter avec d'autres futures mamans maquillées, « brushées », manucurées, épanouies, souriantes, avec de jolis ventres arrondis. C'est même plutôt insupportable, du genre à t'enfoncer encore un peu. Chaque cours est une corvée…

Noël 2016

        C'est un beau moment pour annoncer le choix des parrain et marraine, pendant ces fêtes de famille. Il était évident que, pour la marraine, ce serait ma grande sœur Angélique, un de mes piliers pendant cette grossesse cauchemardesque. J'ai voulu le lui demander d'une façon émouvante, alors j'ai glissé dans une enveloppe une échographie de mon bébé, et avec, un petit mot : « Veux-tu être ma marraine ? » Sa surprise sincère, son émotion, ses larmes, voilà un instant magique au cœur de ce Noël. Pour le parrain, ce sera le frère d'Antho, Marc, avec qui je m'entends bien. L'un comme l'autre doit savoir qu'être parrain et marraine, c'est important pour moi, que s'ils acceptent, ils doivent s'engager à être là pour ma fille. Ils sont tous les deux touchés, et moi, j'aime cette idée que ma fille aura ces personnes sur qui compter.

Janvier 2017

Comme souvent, ma sœur descend à la maison avec son joli bidou et son fils Joam. Et comme souvent ces derniers temps, je vacille et tombe régulièrement d'épuisement. Elle me rattrape au vol. Je culpabilise de lui faire courir un risque. Elle voit que je ne vais pas bien tant physiquement que moralement, que mes angoisses sont insupportables. Elle a peur pour moi et confirme le sentiment d'Anthony, il faut agir rapidement et m'emmener aux urgences psy, pour prendre au moins en charge mes angoisses. Je suis trop épuisée pour m'opposer. En fait, j'espère profondément qu'il y aura là-bas une solution pour moi. Je ne vois pas vraiment laquelle, ils l'ont tous dit : « Il n'y a rien de compatible avec une grossesse. » Ma sœur repart à Lyon inquiète et demande à être tenue au courant de ma prise en charge.

L'hôpital m'oriente vers l'UPB, l'unité parent-bébé, pour une prise en charge psychiatrique. Enfin ! Des spécialistes vont m'écouter, m'expliquer ce qui m'arrive et me donner de quoi redevenir sereine. Un rendez-vous rapide est pris. C'est un collègue de travail qui m'y accompagnera.

…

Quel soulagement, une équipe médicale pluridisciplinaire (psychiatre, psychologue, médecin…) m'écoute attentivement ! Et moi, je leur déballe tout, sans filtre. Ils sont calmes, sérieux et me rassurent : il existe bien des traitements compatibles avec la grossesse, je m'en sortirai. Je n'en reviens pas. Comment se fait-il que personne ne me l'ait proposé avant ? Pourquoi aura-t-il fallu que je touche le fond pour être prise en charge ? Si l'on m'avait écoutée et orientée dès le début de mes angoisses, je n'aurais pas été marquée, affaiblie de cette façon. Je suis à la fois décontenancée et soulagée de savoir que je vais être aidée et sauvée. Il faut tout de même attendre que le staff se réunisse et établisse l'ordonnance adéquate. Je dois confirmer mon désir de traitement. J'en rigole en répondant que je n'ai pas besoin de réfléchir : il faut me sortir de mon état, immédiatement. Je suis dangereuse pour moi-même. Je n'ai qu'une envie, qu'on me sorte de là. Ce médecin m'écoute et me comprend. Enfin, j'entrevois une petite lumière au bout de mon tunnel. D'ici quelques jours, l'hôpital m'enverra l'ordonnance. « Quelques jours », même cette échéance me semble déjà trop longue, comme les derniers kilomètres d'un marathon.

…

Un jour, deux jours, trois, quatre, cinq… huit… Pas de nouvelles et les jours passent. Je bous intérieurement, les standardistes de l'UPB au bout du fil ne savent pas quoi me répondre. Comment ont-ils pu me promettre de m'aider et me laisser sans nouvelles ?

Février 2017

Vendredi 3 février, nous sommes le premier jour de mon congé maternité. Deux semaines sont passées, et toujours aucune nouvelle de mon traitement. Enfin, tout à l'heure, après le travail, en début d'après-midi, je serai en congé maternité. Certaines futures mamans se réjouissent de profiter de leur maison et du repos. Moi je me demande comment je vais gérer mes angoisses durant toutes ces semaines… Anthony, encore une fois aux petits soins, préfère arrêter son travail d'intérim, quitte à être au chômage. Il ne veut pas prendre le risque de me laisser seule. Il sait très bien que je risque de basculer.

Première soirée de congé à deux, nous nous posons devant l'émission d'hypnose de Messmer. Je ne dis rien des contractions qui deviennent régulières. Mon corps s'y est habitué depuis des mois, elles ne me font pas mal, alors je ne saute pas dans la voiture. J'en suis à sept mois et demi, ça fait juste pour le bébé.

L'émission touche à sa fin et je constate que les contractions ont été très régulières, toutes les cinq minutes, et puis plus douloureuses que d'habitude. Il se passe quelque chose, j'en parle à Anthony. L'un comme l'autre, on ne sait pas quoi faire. « Appelle ta mère ! » Elle me conseille d'appeler la maternité pour éviter d'accoucher d'un préma à la maison.

Au bout du fil, la sage-femme n'est pas inquiète. Nous allons prendre le temps de vérifier avec une douche chaude et un Spasfon.

Les contractions continuent, c'est donc l'heure d'y aller. Je me souviens de la visite chez l'anesthésiste dans la semaine, mais je n'ai pas lu les papiers. Étrangement, je suis pressée d'accoucher, mais je n'ai pas préparé de valise. Je pars donc avec seulement mon sac à main.

La balance affiche quarante-trois kilos et demi. La sage-femme s'étonne et me repèse, dans le doute. Elle s'étonne encore plus quand elle voit le même nombre apparaître. La balance fonctionne bien. Elle me demande mon poids avant la grossesse : quarante-deux. Elle n'en revient pas : au final, je n'ai pas pris de poids. À vrai dire, j'en ai perdu. Ce kilo supplémentaire appartient au bébé, avec quelques autres, pour lui et le liquide amniotique. Je suis bel et bien amaigrie. Elle jette un œil à mon dossier, mes hospitalisations, le retard de croissance du bébé… Une sage-femme adorable, bienveillante qui me prend en charge avec douceur. Ça fait du bien. Pour ne pas changer, je continue de vomir, et vomir, et encore vomir. Au bout de vingt minutes de monitoring, la sage-femme m'annonce : « Si vous n'accouchez pas ce soir, je ne suis pas sage-femme ! » Je suis tellement heureuse que mon calvaire prenne fin… et un peu paniquée par la vision de l'accouchement. Malgré mes cours de préparation, je ne suis pas prête.

La nuit passe, je me concentre sur l'arrivée du bébé. Les contractions ne sont quasiment pas douloureuses. J'en ai tellement géré depuis des mois que mes poumons et ma respiration sont efficaces.

Nouvelle équipe du matin, nouvel examen. La sage-femme de relève m'annonce que je ne suis dilatée que d'un centimètre et que les contractions se sont arrêtées. Il n'y a plus d'obligation de rester à la maternité. Je vais devoir rester comme ça et attendre, peut-être même encore un mois et demi.

Ah non, ça n'est juste pas possible ! Encore une fois, on me fait croire que je vais en finir avec mes vomissements, et encore une fois on me laisse, comme ça. Après sept mois et demi d'enfer et un traitement jamais prescrit, j'explose. Il est hors de question de rentrer à la maison, de subir encore des semaines sans manger ni boire, à me vider de rien, à me sentir prise au piège de cette situation et à m'imaginer le pire. Je leur fais bien comprendre que je ne sortirai pas de l'hôpital. De gré ou de force, je resterai là. Il n'est toujours pas possible de déclencher l'accouchement ni de réaliser une césarienne, mais comme le service est calme, l'équipe me fait rentrer en gynéco.

Le départ d'Anthony en fin de journée, la fatigue, l'idée d'un jour de plus à affronter, ce cocktail réactive ma colère. C'est le jour de trop, la promesse de trop. Le retour insupportable à la case départ sans aucune perspective d'amélioration. La rage me submerge, je casse tout dans ma chambre. Malgré mon dossier, où il est quand même noté que j'ai été orientée à l'UPB avec une mise en place de traitement, aucun psy ne vient me rendre visite.

Je suis en rage et une sage-femme entre dans ma chambre avec douceur. Elle me demande calmement ce qui se passe et je lui déverse ma colère. J'ai déjà expliqué ma situation des dizaines de fois, à chaque visite de contrôle, à chaque urgentiste durant mes hospitalisations, mais visiblement, mon dossier n'est jamais lu et je suis épuisée de toujours raconter, pour rien. Sans doute pour éviter d'en rajouter, elle va se plonger dans mon dossier et revient. Avec douceur, elle me fait asseoir sur le lit et me questionne : « Vous parlez à ce bébé ? » Non, jamais. « Vous touchez votre ventre ? » Non, très rarement. Je n'ai jamais aimé qu'on touche mon ventre, et enceinte, ça ne s'est pas arrangé. Je le fais parfois. « Vous savez, ce n'est pas grave. Vous avez le droit de ne pas aimer ça. Vous avez le droit de ne pas avoir envie de lui parler. » Et pour une fois, je me sens comprise, ça me fait du bien. Elle me demande l'autorisation de toucher mon ventre. Elle m'inspire confiance, alors j'accepte. Mon corps est toujours crispé. Pendant qu'elle tient mon tout petit ventre entre ses mains, elle continue de me questionner : « Alors, c'est une petite fille ou un petit garçon ? », « Vous lui avez préparé sa chambre ? » Oh oui, elle est prête dans le moindre détail, « Vous savez comment vous allez l'appeler ? » Oui, mais je ne le dirai pas avant sa naissance. Avec une touche d'humour, elle me répond : « Oui, mais à moi, vous pouvez me le dire… ? » Comme elle était vraiment très gentille, je lui réponds : « May-Lan ». « C'est très joli, dites donc ! Ça vient d'où ? » May-Lan, c'est vietnamien. Ça veut dire « petit nuage-orchidée ». Je l'avais entendu dans une publicité à la télé. La petite fille asiatique était magnifique, sur une balançoire pour appeler son père au téléphone, puis on la voit plus grande musicienne. Je cherchais un prénom qui sonne vietnamien, et cette bouille, et cette musique, j'ai flashé. Mailan est devenu May-Lan car une fois enceinte, j'ai voulu que ce prénom ait un sens, en lien avec l'histoire de ma famille. Mes grands-parents hindous se sont mariés au Vietnam et y ont élevé leurs enfants, avant de fuir la guerre et de venir se réfugier en France. Même l'apparition du labo Mylan, qui me contrarie par la ressemblance, ne me fait pas changer d'avis. Je l'aime trop. Alors nous discutons de mes origines hindoues, de la vie de mon père au Vietnam. Je me rends bien compte qu'elle cherche à me faire parler pour faire redescendre la tension. Elle y parvient, un peu. Je suis encore une boule de nerfs et elle, elle reste calme, là, à côté de moi. Elle se met à parler au bébé : « Ta maman a eu une grossesse difficile, compliquée. Ça n'a pas dû être facile pour toi non plus. Ça fait un peu tôt pour sortir, mais Papa et Maman sont prêts. Ta chambre, tes habits, ton prénom, ils ont tout prévu pour toi. »

Je ne le lui dis pas, mais intérieurement je la remercie d'être si douce, compréhensive et à l'écoute. Elle me laisse dormir, ou du moins essayer.

Dimanche 5 février 2017

Il est deux heures du matin, les contractions me réveillent, elles reprennent. Les vomissements aussi. Cette fois, elles commencent à me faire mal.

Trois heures trente du matin, là je ne tiens plus, j'appelle les sages-femmes. L'une d'elles m'examine, le col est à quatre. Ça y est, cette fois, c'est la bonne ! Je vais partir en salle d'accouchement. Je vais enfin être libérée, délivrée de ces mois terribles.

Le personnel me laisse le temps de prendre une douche chaude, et d'appeler Anthony. Je ne l'ai même pas réveillé, il jouait aux jeux vidéo. Il réalise d'un coup que la nuit va être longue. Quand il arrive, je suis au bloc. Sans réfléchir, j'accepte la péridurale. L'anesthésiste est un ancien collègue de stage qui ne me reconnaît pas. Je n'en mène pas large, et comme toujours quand je suis stressée, je plaisante. Je le charrie sur son amnésie.

Il est midi, Anthony a faim. Il nous demande la permission d'aller manger un bout, s'il en a le temps. Les contractions sont moins douloureuses, je suis apaisée. Tant qu'il ne prend pas deux heures pour un sandwich, ça me va.

C'est bizarre, je reçois des messages d'encouragement alors que je n'ai prévenu personne. Sauf ma mère, mais elle sait que je ne veux rien annoncer tant que le bébé n'est pas là en bonne santé. Ma meilleure amie, Céline m'appelle excitée comme une puce, je comprends qu'Anthony a profité de sa pause pour partager sa joie tellement il était heureux. Céline m'encourage quand je pleure parce que j'ai peur. « Allez, c'est la dernière ligne droite, tu vas enfin voir ta pépette ! »

Évidemment, mon père est aussi au courant, j'avais pourtant été claire : rien ne doit filtrer pour ma sœur et mon père. Anthony a prévenu ma sœur, ma sœur a prévenu mon père… Il lui avait fait promettre de le tenir au courant de tout. Il n'y a plus qu'à espérer que tout se passe bien…

La dilatation suit son cours. La péridurale s'efface peu à peu. Dernière ligne droite, le bébé s'engage dans le bassin. Maintenant, je peux dire que j'ai mal ! La sage-femme m'invite à pousser. Elle me prévient qu'avec la prématurité, il y aura sans doute des premiers soins d'urgence à faire au bébé. Je ne la verrai sans doute pas de suite, elle partira en néonat, et y restera quelque temps. Je ne la garderai pas avec moi. Les choses sont simples dans ma tête : je voulais qu'elle sorte, j'assumerai la suite.

Il est temps de pousser, mais panique, je ne me souviens plus des conseils de la préparation à l'accouchement. Quelques explications pour me les remettre en tête et je m'applique : je gère ma respiration, avec un bon stock d'air. « C'est très bien madame, mais il va falloir y aller plus doucement ! » Trois poussées et elle est là, toute belle. Minuscule, mais elle crie, respire bien et prend de belles couleurs. Tout va bien, alors ils la posent sur moi. Ma toute, toute petite pépette… Elle est minuscule : elle pèse un kilo huit cents grammes et mesure quarante centimètres. Anthony est aux anges, et moi aussi. May-Lan est là et tout le monde va bien. Anthony avait raison, l'accouchement s'est passé sans problème. Ça y est, la page va se tourner. Je vais aller mieux, nous allons profiter de notre petit bébé.

Nous partageons tous les trois ces quelques minutes de joie. Un médecin entre et à sa tête, je sens qu'il y a quelque chose. « Rien de grave, madame, mais le placenta n'est pas sorti complètement. » Je sais ce qui m'attend, il va introduire son bras dans mon corps pour faire une révision utérine et enlever les morceaux de placenta restés accrochés. Je n'en suis pas ravie, l'idée me dégoûte même. Comme si le parcours n'avait pas été suffisamment difficile… Je n'ai pas le choix, c'est une question vitale, et puis le bébé est sorti, alors je ne suis pas à ça près. May-Lan est installée en peau à peau avec son papa, pour me préparer à la venue de l'anesthésiste. Le personnel reste calme et prévenant. Ce n'est pas une hémorragie, il n'y a pas d'urgence, ils prennent le temps de le faire calmement. Le gynéco, assisté de la sage-femme, est prêt, et moi avec mon masque à gaz hilarant, je n'ai plus que l'anesthésiste à mes côtés. C'est à lui que je demande de me tenir la main, en rigolant de ma solitude et de mon look du moment. J'ai besoin de rire pour cacher mon stress.

Finalement, c'est moins horrible que je ne l'avais imaginé puisque je ne ressens rien.

À mon retour en chambre, je pèse trente-sept kilos, je n'ai plus la force de tenir debout. Je me déplace, plutôt on me déplace en fauteuil roulant. Après ces trois longues journées sans vraiment dormir, les efforts physiques et toutes les émotions que génère un accouchement, mon corps est crispé, pris de tremblements. Les infirmières expliquent que c'est le contrecoup de l'anesthésie et me rassurent en me disant que je vais bien dormir puisque ma fille est en néonat, en sécurité. Ma mère et Fabien sont allés la voir, Maman l'a trouvée minuscule et me montre des photos. J'ai hâte de la retrouver.

Les infirmières nous attendent et sourient en m'expliquant qu'elles se demandaient d'où May-Lan tenait ses traits typés et sa tache bleue sur la fesse, le signe des bébés typés asiatiques (dite tâche mongoloïde). Nous discutons un peu ensemble. Anthony et moi rêvions d'une petite fille typée, nous avions réussi.
Elle est réellement minuscule. Je peux l'installer sur ma poitrine dans le débardeur que je mettais avant la grossesse. Je l'aime déjà.

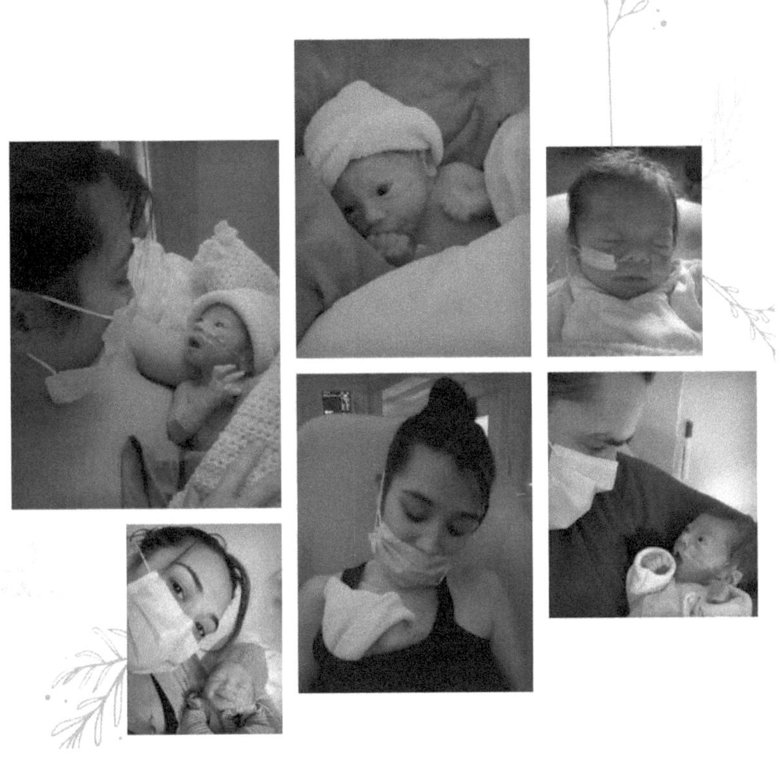

Premiers moments avec ma fille

La nuit n'est pas reposante, je suis tendue, mon ventre me fait mal et les nausées persistent.

Ce matin, j'espère pouvoir manger mon petit-déjeuner. Ce n'est pas encore ça. Les nausées restent désagréables. Je trouve tout de même étrange que mon œil droit ne fonctionne pas. Je le ferme, le rouvre, mets ma main devant, mais ça ne revient pas. Je me lève prendre ma douche avec mille questions dans ma tête. Mais après tout, il me reste un œil qui voit bien. Au bout de cinq minutes, la vue revient. Anthony va arriver, je veux juste passer la matinée avec ma fille et lui.

Dans le couloir qui nous ramène à ma chambre pour manger mon plateau du midi, pendant qu'Anthony pousse mon fauteuil, cette histoire d'œil me revient et je lui en parle. Il me demande si j'en ai parlé à un médecin, une infirmière, quelqu'un. Eh bien non, je n'y ai pas pensé. Dans la seconde, il se met en colère, me ramène vite dans ma chambre et sonne la sonnette d'urgence. Je ne réalise pas vraiment la raison de sa colère. Quand le personnel arrive inquiet, je leur raconte mon œil aveugle. Même réaction, ils me sermonnent, m'allongent aussitôt en m'ordonnant de ne plus bouger jusqu'à l'arrivée du médecin. Me voilà donc repartie au scan, où je connais tout le monde pour y avoir travaillé, à la prise de sang et chez l'ophtalmo. Les images et l'auscultation ne montrent rien. Sans doute le contrecoup d'un accouchement au milieu de cinquante heures presque sans sommeil et les effets secondaires de l'anesthésie. Tout de même, j'étais tellement fatiguée que j'avais promené toute la matinée sans réaliser.

Cette affaire m'a empêchée de voir ma fille une grande partie de l'après-midi. Elle est restée seule dans sa couveuse, elle a dû se demander pourquoi personne n'est venu la câliner. Ma pauvre pépette, je ne suis pas sûre de pouvoir être une bonne mère. Tu viens à peine de naître et je t'abandonne… Une vague de tristesse me submerge, je ne peux pas la contrôler. Les larmes coulent violemment.

Cette psychologue est adorable, à l'écoute, elle a des mots doux. Les sages-femmes qui m'ont consolée hier ont dû lui parler de ma crise de pleurs. « May-Lan a besoin d'une maman en forme. C'est important pour elle que vous preniez soin de vous. Vous n'êtes pas une mauvaise mère, rassurez-vous. »

…

Cette semaine d'hospitalisation m'aide à récupérer, et surtout à réapprendre à manger, d'abord avec de toutes, toutes petites quantités. Mon corps n'y arrive plus. Je ne vomis plus, mais mon estomac brasse encore. Mes angoisses se sont bien calmées.

…

Dans la chambre, contente d'avoir enfin accouché d'une jolie petite fille, je me réjouis que la page soit tournée, tout va vite rentrer dans l'ordre. Quelqu'un toque à la porte. Quel toupet, le médecin de l'UPB ! Je suis folle de colère. Elle veut voir mon état et celui de ma petite. Je ne peux pas faire autrement que lui cracher ma colère. Elle avait osé me laisser seule avec mes idées sombres alors qu'elle avait promis que je serais prise en charge. La psy n'est pas fière, elle reconnaît avoir commis une erreur. Je refuse qu'elle s'approche de nous, qu'elle reste une seconde de plus dans ma chambre. J'ai trop de haine pour elle, elle m'avait abandonnée.

…

Les deux semaines de surveillance en néonat se sont passées sans problème. Je reprends des forces, May-Lan aussi. Les infirmières nous aident, nous apprennent à nous occuper d'elle. Anthony et moi sommes tous les jours auprès d'elle. J'avoue que papa s'en occupe plus que moi. Il est tellement plus à l'aise que moi.

…

Ce soir, c'est la Saint-Valentin, après notre visite à May-Lan, Anthony m'emmène au restaurant ! La soirée nous fait du bien, je mange un peu.

…

May-Lan a bien pris du poids, elle pèse presque deux kilos, elle n'a pas de soucis respiratoires, elle peut sortir. Nous rentrerons tous les trois à la maison demain, mais d'abord je dois passer la nuit avec elle, dans sa chambre, pour nous habituer à la nourrir malgré le sommeil.

Pourquoi moi d'office ? Et pourquoi sans le papa ? Nous sommes deux à être parents. « Il faut vous bouger », me répond la sage-femme. Je reconnais que je laisse beaucoup Anthony faire.

Seule dans cette chambre plongée dans l'obscurité, silencieuse, avec May-Lan encore minuscule, je ne suis pas sereine. Je dois sonner les puéricultrices toutes les deux heures pour qu'elles m'apportent le biberon à lui donner. Je dois sonner s'il faut changer la couche. Et l'angoisse monte, monte, monte. Je ne dis rien, je ne veux pas qu'on m'enlève mon bébé. Je n'aurais pas imaginé que de nouvelles angoisses pourraient être pires que celles de la grossesse…

Au matin de la sortie, un psychiatre me prescrit des anxiolytiques et me conseille de prendre un rendez-vous rapide au Centre Médico Psychologique proche de chez moi. Mon premier anxiolytique m'apaise immédiatement, très fortement même. Je me sens « décalée ».

J'ai la sensation que mon cœur est anesthésié depuis ma nuit d'angoisse, seule avec fille. Le lien avec May-Lan est devenu étrange. Je ne sais pas si je l'aime. À la maison, il n'y a plus de puéricultrice pour s'occuper d'elle, pour nous aider. Ça ne semble pas inquiéter Anthony qui s'occupe d'elle si bien.

Et moi, je regarde ma fille de travers, en ne me sentant pas vraiment mère. L'affaire n'est pas terminée, les angoisses reviennent plus fortes malgré les cachets. Je ne vomis plus, mais je bascule encore une fois dans un abîme mental…

PREMIERS MOIS DE MAY-LAN

Nouvelles batailles

Fin février 2017

C'est rassurant d'être chez Maman et Fabien. Ce premier week-end à trois, je ne vois pas comment on l'aurait affronté. Les premiers anxiolytiques m'ont trop calmée pour m'occuper de May-Lan. La nuit, Anthony gère les biberons, je le laisse dormir le matin et je prends le relais tant bien que mal. Fracassée par les médicaments, aux prises avec les angoisses, ces quelques heures en tête à tête avec ma fille sont interminables. Alors, merci, Maman et Fabien, de nous offrir un week-end pour qu'Anthony se repose et que May-Lan passe de bons moments avec vous. Moi, je ne suis pas bien et on n'y peut rien.

Début mars

Tant pis pour mon état, j'ai tellement envie de présenter notre fille à ma famille. Ça nous fera du bien à tous les trois de faire un week-end à Lyon.

C'est toujours réconfortant de me sentir entourée par ma sœur, mon neveu, mes oncles et tantes… Je pleure, j'angoisse toujours, mais je profite d'eux. Et puis, nous avons la chance de dormir dans l'appartement inoccupé de mon père. Il n'est pas là, il me manque, mais je suis chez lui, c'est déjà un peu de lui.

Un coup de fil interrompt ma discussion avec ma sœur et mon beau-frère. Un médecin de Marseille au bout du fil me parle du test de Guthrie de May-Lan. Un des marqueurs est inquiétant. Il faut lui amener rapidement notre bébé. Quel marqueur ? De quelle maladie ? On ne nous le dit pas. Elle a à peine trois semaines et c'est déjà à nouveau un cauchemar ? J'explose de colère dans les bras de ma sœur. Ça ne s'arrêtera donc jamais ? Le marabout avait peut-être raison… Nous sommes peut-être maudites. Angélique tente de me rassurer, de me calmer. Elle promet de s'occuper de l'appartement de mon père. Il faut qu'on parte sans attendre, nous reposer chez nous à deux heures de route, pour être prêts à repartir à la première heure demain matin, direction Marseille, à une heure de route.

Dans notre chambre, nous n'arrivons pas à dormir, chacun perdu dans nos inquiétudes. Qu'est-ce qui va nous tomber dessus avec ce rendez-vous demain ? Après ces mois d'enfer, nous pensions que tout irait mieux. Entre mes angoisses invivables et ce coup de fil, on se demande ce qui nous attend.

…

Cet hôpital, on ne le connaissait pas. Ça ne vaut pas le détour, c'est même plutôt le genre de visite glauque, façon The Walking Dead. Les murs sont gris, tristes, il n'y a pas de places assises pour patienter, pas de machine à café pour passer le temps…

C'est une pneumologue qui nous accueille. Elle nous annonce un résultat positif à la mucoviscidose. Je travaille dans le médical, je suis fan de musique, j'ai connu Grégory Lemarchal. Je sais donc à peu près ce que veut dire ce nom de maladie et que c'est très grave. Anthony réalise moins. Le médecin évoque donc une maladie génétique qui touche principalement les poumons, mais aussi le système digestif et reproducteur. Elle prévoit de faire le test de la sueur* immédiatement pour vérifier. Soudain, elle découvre May-Lan, notre crevette. « Mais elle est toute petite ! Combien pèse-t-elle ? » Elle pèse à peu près deux kilos et demi. L'information la contrarie, il faut attendre trois kilos pour réaliser ce test. Eh bien non, elle n'avait pas lu le dossier du bébé pour se rendre compte qu'elle était prématurée avec un petit poids de naissance… Mais puisque nous avons fait la route, le médecin réalise tout de même le test. Il ne révèle rien, logique. Voilà, l'hôpital nous a paniqués, fait quitter la famille pour venir en urgence, pour finalement découvrir qu'il était trop tôt pour prononcer quoi que ce soit.

* mesure du taux de sel dans la transpiration

« Elle est née prématurée, le test de Guthrie peut être faussé. » La pneumologue relativise et décide quand même de l'examiner. Les poumons sont propres, elle est en bonne santé. Pour elle, c'est une erreur. Dans le milieu médical, on sait qu'un médecin ne se prononce que s'il est sûr. Un rendez-vous est prévu dans quelques semaines, quand elle aura le poids correct pour refaire un test qui écartera toute inquiétude.
Ouf, j'appelle et je rassure tout le monde.

…

La gentille psychologue de la maternité me reçoit pour faire le point. Je ne suis pas au sommet de ma forme, c'est clair. J'ai beau appeler régulièrement le CMP* en parlant d'urgence, je suis toujours sur liste d'attente. L'UPB, impossible d'y retourner sans tout casser… Les anxiolytiques m'assomment, mais ne font pas taire les angoisses et le coup de stress de l'hôpital de Marseille n'a pas arrangé mon état. Elle me propose de refaire le test de la sueur, ici ils ont le matériel, puisque May-Lan arrive à deux kilos huit cents grammes. moi, ça m'arrange de ne pas faire le trajet à Marseille, pour un test qui sera négatif. La pneumologue a dit qu'il n'y avait rien à l'examen, le test ne servira qu'à le confirmer.

* Centre Médico-Psychologique

…

May-Lan arrive quasiment à trois kilos, nous sommes fin mars. Le médecin de l'hôpital d'Avignon réalise le test. Nous serons enfin tranquilles. En effet, il est négatif. Marseille le recevra rapidement. Tournons la page !

…

Tiens, un appel de l'hôpital de Marseille ? Le médecin est sec, remonté, agacé. Bref, pas aimable du tout. « Comment avez-vous osé faire le test dans un autre hôpital ? Ils ne savent pas l'interpréter comme nous ! Revenez le 31 mars, chez nous. » C'est juste un test, le même ici ou chez eux. Le nombre affiché est le même, le résultat aussi. Pourquoi s'énerver ainsi ?

31 mars 2017

Aujourd'hui, j'ai trente ans, et mon rendez-vous de la journée, ce n'est pas un restaurant, c'est une visite dans un hôpital marseillais. Un aller-retour pour dire que tout va bien, du temps perdu.

Même couloir glauque, même médecin moralisateur, même test.

Il est positif. Le test est positif. Impossible ! Un faux positif, ça n'existe pas, mais dans le doute, le médecin en refait un. Positif, encore. May-Lan a la mucoviscidose. La semaine passée, elle n'avait rien. Aujourd'hui, j'ai trente ans et une petite, toute petite fille atteinte d'une maladie grave.

Le marteau vient à peine de me sonner, que le médecin nous conduit dans l'aile spécialisée qui va suivre May-Lan le reste de sa vie.

Nous voilà dans la foulée au CRCM (Centre de Ressources et de Compétences de la Mucoviscidose), un service qui réunit différents spécialistes pour le suivi des malades. La pneumologue nous assomme d'ordonnances, de conseils, d'interdictions. Difficile de tout enregistrer quand l'esprit est encore sous le choc de l'annonce… La maladie est héréditaire. La modification du chromosome 7 chez les deux parents porteurs sains transmet la maladie dans une grossesse sur quatre, elle provoque l'épaississement des sécrétions de plusieurs organes, essentiellement les poumons et le pancréas, ce qui altère leur fonctionnement. Selon la mutation génétique, la forme est plus ou moins grave : surinfections pulmonaires répétées, fertilité amoindrie, mauvaise absorption des graisses et troubles nutritionnels… À l'heure actuelle, sept mille personnes en sont atteintes en France. Il faut prendre beaucoup de précautions quand elles se croisent, une forme de mucoviscidose pouvant en aggraver une autre. L'espérance de vie s'allonge avec la recherche, mais elle reste fragile. Les soins, un protocole sanitaire et les traitements quotidiens, ainsi qu'une surveillance très régulière sont nécessaires pour leur permettre de vivre le plus longtemps possible. Fini les aquariums, les plantes vertes, les produits ménagers agressifs et les aérosols à la maison. Il faut éviter à tout prix la moindre eau stagnante, repenser l'organisation du ménage, le faire en dehors de la présence du malade puisque les produits ménagers sont dangereux à respirer, et en même temps, il faut nettoyer la cuvette des toilettes très régulièrement, voire plusieurs fois par jour. Et surtout, baisser la lunette des toilettes quand la chasse d'eau est tirée pour ne pas respirer les microgouttelettes diffusées dans l'air. Beaucoup d'informations à digérer…

Le service a au moins l'avantage d'être refait à neuf, accueillant et chaleureux, grâce aux fonds de l'association Grégory Lemarchal. C'est ici que nous devrons venir tous les mois. Une citation du chanteur écrite en grand sur le mur d'entrée, « Au fond, ce que j'attends, c'est de voir le bout de nos efforts », semble annoncer qu'un parcours difficile nous attend. Anthony et moi devons rapidement faire un test génétique pour connaître la forme génétique de la maladie. Ce pourra être long, mais déjà, nous devons avertir les femmes enceintes de notre famille du risque génétique que nous portons. Elles peuvent même se faire avorter rapidement. Je dois donc annoncer à ma sœur, aux anges d'attendre une fille, qu'elle peut avoir la mucoviscidose et qu'elle peut s'en débarrasser. C'est à moi de le lui annoncer ? L'horreur ! Je sais déjà ce qu'elle va me répondre, je crains même qu'elle m'en veuille. « Hors de question ! Ils sont fous ! Je garde ma fille ! »

Je n'avais pas prévu ma journée ainsi. J'avais mis mon téléphone en silencieux pour éviter les sonneries régulières des messages d'anniversaire et, en sortant de l'hôpital, je découvre tous les SMS joyeux de mes amis et de ma famille. Mis à part ma mère et ma sœur, personne n'est au courant de ce rendez-vous qui devait être un simple contrôle. Je vais les rappeler, les remercier et leur annoncer la terrible nouvelle. Ils sont habitués à m'entendre pleurer, mais là, j'ai vraiment besoin de soutien. Je suis paumée, perdue.

Heureusement, Angélique ne m'en veut pas de ce coup de fil terrible, de ce pronostic inquiétant, et encore une fois, elle me soutient dans l'épreuve.

…

J'ai passé le mois de mars shootée aux anxiolytiques, tendue par les angoisses, l'estomac fermement noué, amaigrie, insomniaque, incapable de me sentir mère et le CMP ne m'a toujours pas trouvé de place pour me prendre en charge… Je tiens difficilement debout, les malaises d'épuisement m'obligent à rester assise pour m'occuper de May-Lan.

Comble de ma frustration, moi qui ne suis pas une fana de médicaments, je dois rythmer la journée de ma fille par la prise de traitements, selon l'ordonnance du service de néonat pour sa prématurité, et selon la longue ordonnance de la pneumologue pour sa mucoviscidose… Elle n'a que deux mois.

Avril 2017

Nous commençons donc les visites de suivi de May-Lan, elles s'espaceront en grandissant, mais pour le moment, nous devons l'y emmener tous les mois.

Emmener son tout petit bébé dans un hôpital, le confier à du personnel inconnu, avec la crainte de mauvais résultats, ce rendez-vous n'est pas un bon moment… Ma minuscule pépette subit des manipulations que je trouve terrifiantes. Ma fille de quelques semaines se fait poser une prise de sang dans la peau du crâne, c'est choquant. Je pleure et on me fait sortir sans ménagement ni explications. Je dois attendre seule dans le couloir avec cette image en tête, en sachant ma toute petite fille de l'autre côté de la porte, ponctionnée, manipulée par des gens qu'elle ne connaît pas…

…

La famille vient à tour de rôle me tenir compagnie et nous aider, les week-ends en général. Une de mes cousines, Nanou, et son compagnon Rémi ont fait la route depuis Lyon ! Même si mes angoisses sont extrêmes, j'apprécie de me sentir entourée par mes proches qui se relaient.

…

Ce week-end, c'est Angélique qui est venue avec son ventre de femme enceinte de sept mois et mon neveu Joam. Elle vient surveiller mon état. Tout le monde sait que je ne vais pas bien, je ne le cache à personne. Je n'arrive pas à tisser du lien avec ma fille, je ne tiens pas debout. Je culpabilise tellement que ce soient mes gènes qui aient rendu ma fille malade. C'est de ma faute. Certes, je n'ai pas voulu cette maladie, mais une part de moi a rendu mon bébé gravement malade. Anthony et moi avions un risque sur quatre de transmettre, ensemble, cette maladie. Qu'ai-je fait pour que la malchance tombe sur mon bébé ? Nous aurions pu faire des enfants non malades, nous aurions pu ne rien savoir de nos gènes porteurs, mais ma petite fille a reçu la mauvaise combinaison de notre patrimoine génétique. Je l'ai portée, mon corps lui a donné tout ce qu'il faut pour la fabriquer, dont ces foutus gènes. Cette culpabilité ne me quitte pas, me ronge.

Anthony les a raccompagnés au train, il revient avec une mine inquiète. Ils ont discuté tous les deux sur le chemin. Ma sœur se fait vraiment du souci pour moi, comme lui. Ils pensent que je dois aller aux urgences psy. Mon traitement n'est pas efficace.
Que feront-ils de plus ?

…

Je découvre les urgences psy, toujours mon homme et ma fille à mes côtés. Ce service s'appelle Cap 72, je ne sais pas pourquoi. Le psychiatre qui me reçoit m'écoute attentivement, je lui raconte tout, tout, tout. Il me prescrit de nouveaux anxiolytiques et des antidépresseurs, mais je n'entends le nom d'aucun. Je ne sais pas ce que j'ingurgite. Les infirmières m'accompagnent dans une chambre vide, austère : un lit, une table, une chaise. Je me sens décalée, vide. Je n'avais pas imaginé que je me retrouverais internée ainsi. Je n'ai rien apporté, et les infirmières m'enlèvent tout ce qu'elles estiment dangereux. Pas de télé, il ne me reste que mon téléphone.

Soixante-douze heures, ils me gardent trois jours. Ceci dit, mon cerveau est sur pause, mon corps répond à peine, alors le temps passe sans que je ressente quoi que ce soit. Le plateau-repas est posé sur la table, je n'ai pas la force de me lever pour aller manger. Je demande si l'on peut me l'approcher. « Il va falloir vous bouger un peu ! » Personne ne vient voir comment je vais, aucun psy pour discuter, pour m'alléger. On m'a juste shootée.

Les heures passent, la nuit passe et je ne récupère pas mon cerveau ni mon corps. C'est terrifiant. Suis-je condamnée à cela ? Emprisonnée dans un cerveau camé et un corps engourdi ? Je mobilise mon peu d'énergie et de volonté pour appeler ma mère à l'aide, à son travail. « Viens tout de suite ou ça va mal finir ! ».

Elle a quitté son poste immédiatement et elle est là, une heure plus tard, dans un sas particulier, avec Anthony et notre fille. Leur regard est étrange, horrifié. Ils ne reconnaissent pas le zombi que je suis devenue. J'ai du mal à tenir une conversation, à réfléchir, je sais juste que je veux qu'on me sorte de cet enfer. Ma mère me propose de prendre May-Lan dans mes bras. Je la regarde, vide d'émotion. « Mais tu l'aimes, ta fille ? » Je ne sais que répondre, je ne suis pas capable de ressentir quoi que ce soit. « Je ne sais pas… » Ma mère s'inquiète profondément en me regardant et en regardant sa petite-fille qui n'a plus vraiment de maman.

Maman sans joie, le vide intérieur

…

Soixante-douze heures, au Cap 72. Je me promets de ne plus jamais y revenir. Ils auront eu au moins la possibilité de me prendre un rendez-vous au CMP, en urgence absolue. Ma nouvelle ordonnance devrait être mieux adaptée. Les antidépresseurs mettent trois semaines à faire leur effet. Je dois être patiente.

…

Je suis toujours défoncée par mon nouveau traitement, je ne gère plus rien. Les angoisses font ce qu'elles veulent de ma tête et de mon corps crispé en permanence. Anthony ne peut pas reprendre le travail, il s'occupe de May-Lan, de la maison, tout en essayant de comprendre ce qui m'arrive. Je ne sais pas moi-même pourquoi mon esprit et mon corps vrillent et m'échappent ainsi.

…

Une semaine que je suis sortie du Cap 72, on ne peut pas dire qu'il y ait d'amélioration. Nous sommes tous les trois dans la salle d'attente du CMP. Eh oui, je ne peux pas me déplacer seule, mon homme doit m'emmener partout, et May-Lan suit. Je me rends bien compte que je leur fais vivre un enfer. Je n'ai plus de prise sur moi-même et je suis un poids pour eux. Sur ma chaise, tendue d'angoisse, je ne contrôle plus les spasmes de mon corps, pressée d'être délivrée. J'espère que la psychiatre derrière la porte saura me soulager.

Magali. Magali nous accueille avec douceur. Elle a l'air réellement gentille et nous invite à nous installer. Je suis soulagée de m'asseoir, la position debout est toujours vertigineuse pour moi. Anthony, lui, prend à peine le temps de s'asseoir, n'enlève pas sa veste. Il s'occupe en premier de May-Lan, la sort de son cosy et… la donne à la psychiatre. Surprise, interloquée, elle accueille ce tout petit bébé de deux mois, tout juste trois kilos et demi, calme, et la garde contre elle toute la séance. Anthony peut souffler, ses deux femmes sont en sécurité pendant une heure.
Cette fois, sous son regard doux et patient, je raconte mon année d'enfer, mais avec l'envie que ce soit la bonne personne. Je mets tous mes espoirs en elle. Elle comprend, elle voit. Elle me propose de passer quelque temps dans une maison de repos pour me recentrer, me reconstruire. Je n'ai pas besoin de me reposer, ça fait un an que ma vie consiste à me reposer. Je n'ai pas besoin de vacances, j'ai besoin d'aide. Elle ne renonce pas et m'explique mieux. « Il s'agit d'une clinique psychiatrique. » Le mot est tombé. J'ai beau être ouverte d'esprit, ces deux mots me terrifient. Elle veut m'enfermer avec des fous. Je ne suis pas folle, je suis

mal. Je refuse. J'ai le droit. Elle ne me juge pas, elle adapte l'ordonnance pour être moins shootée et m'invite à réfléchir à cette maison de repos où le personnel serait formé pour m'aider à me reconstruire.

…

Lyon, la famille, c'est là que je trouverai du soutien. Dans l'appartement de mon père, près des miens, je vais respirer et m'apaiser.
Eh bien non, les angoisses empirent même. Chaque fois, je découvre qu'elles peuvent encore augmenter alors que je pense qu'elles sont déjà à leur maximum. C'est infernal, jours et nuits. Le traitement semble inefficace. Je panique et appelle Magali au téléphone. Elle accepte que j'augmente l'anxiolytique.

Non, ça ne fait rien, rien, rien… Je vais me coucher en pensant crever d'angoisse.

Au petit matin, je regarde Anthony dormir, apaisé, à côté de May-Lan, sereine. Ils sont bien tous les deux, ils sont beaux. Moi, je suis un zombi, camée, je ne vois pas d'espoir malgré la prise en charge. Je vais prendre l'air sur le balcon. Je m'installe au bord. Il faut être lucide, ma vie m'échappe, elle est devenue terrifiante, épuisante, douloureuse et rien ni personne ne parvient à m'aider…

autant sauter et me laisser aller dans ce vide devant moi. « Allez, vas-y, laisse tomber et saute. C'est la seule solution pour ne plus subir ces angoisses. »

Deux étages, ce n'est pas très haut en fin de compte. C'est même plus dangereux qu'autre chose. Finir handicapée, en plus du reste… Ce serait pire encore.

Mon Dieu, ai-je vraiment envisagé d'en finir ? En suis-je vraiment là ? Je m'effraie moi-même, je panique, encore, encore plus, encore plus fort et réveille Anthony : « Appelle mon parrain ! Je veux voir mon parrain ! Tout de suite ! » Il est pompier, nous sommes proches, il n'habite pas loin.

Le voilà, enfin, mon parrain, le deuxième homme après mon père. Je peux enfin me laisser aller, pleurer, gémir, dans ses bras réconfortants. Il ne me demande pas grand-chose, il m'offre du réconfort, de la sécurité.

Une demi-heure debout à m'effondrer dans ses bras, à lâcher prise, je sombre, mais je sais qu'il est là, mon papa de remplacement. Mon esprit redevient peu à peu clair, et je peux enfin lui expliquer ma souffrance qui m'a menée au balcon, que je vais mourir pour de bon. Il me raconte ses collègues qui ont eu besoin d'aller en maison de repos, et ma grand-mère. Je l'ai peu connue. Je découvre qu'elle avait aussi traversé un moment difficile et que ça lui avait permis de reprendre sa vie en main. Il me dit que c'est une chance d'être consciente de mon état pour me faire aider. Il est réconfortant, il m'apaise et me dorlote ; et moi je câline May-Lan qui s'est mise à pleurer. « Tu vois, elle a besoin de toi ! Vas-y dans cette maison de repos, ils t'aideront vraiment. » Je capitule, j'accepte, à la seule condition de pouvoir voir May-Lan autant que je le voudrai. Je ne sais pas combien de temps j'y resterai, je ne veux pas disparaître de sa vie ni qu'elle disparaisse de la mienne.

Angélique, enceinte de sept mois et demi, vient me chercher pour qu'on passe ensemble la journée chez elle, pour s'occuper de May-Lan avec Joam. Anthony est épuisé, il a besoin de dormir, d'appeler Magali pour organiser mon entrée en maison de repos, et surtout souffler un peu.

Je retrouve Anthony chez mon père, pour dormir. Étrangement, il m'accueille avec un immense sourire. Pourtant, avec la matinée que je lui ai fait passer, il n'a pas de quoi être réjoui le pauvre. Il est heureux : « J'ai une bonne nouvelle ! Ça va arrêter tes angoisses ! On va changer les billets d'avion de ton père, il va rentrer plus tôt. » Ah non, ça ne me réjouit pas. Au contraire, je ne voulais pas gâcher son voyage de retraite ! Mon parrain me dit : « Il a toute la retraite pour profiter ». C'est lui qui l'a averti que je n'allais sérieusement pas bien du tout, qu'Angélique allait bientôt accoucher, qu'on avait toutes les deux besoin de notre papa, qu'il devait se dépêcher de rentrer. Nous irons donc demain à l'aéroport faire ce qu'il faut pour qu'il rentre au plus tôt.

11 mai 2017

La clinique psychiatrique, m'y voilà. Je n'aurais jamais cru en arriver là. Espoir de guérir et dépit d'être de ces gens qu'on enferme, tout se mélange dans ma tête. Il faut assumer, il n'y a plus que ça pour me sortir de cet enfer. L'établissement est beau, en campagne, avec un grand parc, dans un petit village loin de tout, au calme. Je ne suis pas vraiment rassurée. On nous accompagne à l'étage des cas les plus graves. Le nombre de personnels est important pour accompagner de près chaque malade. Tout le monde est très gentil et accueillant. Une infirmière vérifie ma valise, enlève tout objet dangereux et me présente le service. Il n'y a pas de cantine collective à cet étage-là, chacun mange dans sa chambre, mais je peux sortir dans le parc pour prendre le soleil, me promener dans les couloirs autant que je veux. J'aurai la visite d'un psychiatre tous les matins pour surveiller mon traitement, et un psychologue passera très régulièrement.

Le psychologue… Quelqu'un qui me regarde et qui attend. Je ne sais pas ce que je dois dire. C'est déstabilisant. « Dites ce que vous voulez… » Eh bien, je ne sais pas ce que je vais lui raconter.

Il y a tout un tas d'ateliers proposés tous les jours. Je peux voir May-Lan tant que je veux, sur les créneaux de visite. Je peux aménager ma chambre à mon goût. Ça s'annonce bien plus agréable que le Cap 72…

Anthony et May-Lan me disent au revoir. Nous avons tous les deux le regard déchiré. Une dame du service parle à May-Lan avec douceur : « Ta maman a besoin de se reposer, elle va vite aller mieux pour te retrouver. »

Je me retrouve seule, avec mes angoisses, pour de bon. Je m'effondre.

Anthony est seul avec May-Lan, c'est dur pour lui aussi. Il a quarante-cinq minutes de route, j'espère qu'il tiendra le coup.

…

Une semaine est déjà passée. Antho et May-Lan viennent un après-midi sur deux. J'ai régulièrement ma sœur et ma mère au téléphone. Le traitement est efficace, les angoisses disparaissent, l'appétit revient, je dors. Le moral revient vite. Mais je ne vais pas vers les autres. Je ne sors pas beaucoup de ma chambre, je ne sais pas trop quoi faire en atelier.

…

Mon père arrive, enfin ! Quelle joie de pouvoir l'avoir près de moi ! Lui, il me découvre « plutôt bien ». Il s'attendait tellement à me voir au fond du trou. Mon père a du mal à réaliser. Je suis mince, ma silhouette ne laisse pas deviner que je viens d'avoir un bébé. Il est un peu intrigué, mais surtout rassuré. Il ne m'aura jamais vue mal. J'apprends qu'il n'allait pas bien lui non plus, il traversait lui aussi une dépression en Thaïlande. Pendant quinze jours, ses amis ne l'ont pas reconnu. L'annonce de la maladie grave de sa petite-fille et mon état de santé l'avaient beaucoup affecté, à tel point qu'il ne pouvait pas prendre l'avion. Mais le message de son frère l'avait secoué. Il est là ! Il va dormir chez nous pour aider Anthony avec May-Lan et viendra me voir souvent.

…

Peu importe mon état, la maladie de May-Lan ne fait pas de pause. Son suivi continue, elle doit faire sa visite de contrôle et je refuse de ne pas y être. J'ai ma permission de sortie, en route pour Marseille.

La pneumologue est toujours aussi indélicate, sèche, directive, et moi je suis fragile et sensible. Ses annonces, ses infos, ses conseils, tout m'arrive avec violence. De toute façon, personne ne demande comment nous allons, nous les parents.

Je rentre à la maison de repos tendue, anxieuse, mal. Heureusement que le personnel est aux petits soins pour me remettre rapidement sur pied.

…

Je ne sors pas souvent de ma chambre, à part pour prendre l'air dans le parc. Aujourd'hui, une voisine de chambre vient à ma rencontre. Audrey, elle me dit m'avoir repérée toute seule dans mon coin et me demande quels ateliers me plaisent. Aucun puisque je ne sais pas ce qu'on y fait. Elle propose de l'accompagner à son atelier d'ergothérapie. À vrai dire, je ne sais pas ce que c'est l'ergothérapie, et je n'ose pas le demander. « C'est pas compliqué, tu fabriques des trucs sympas avec tes mains, comme tu as envie. » Si ça peut m'occuper un peu, pourquoi pas. Avec elle qui a l'air vraiment sympa, je me sens en confiance pour passer le pas. Elle a la quarantaine et connaît un peu mieux la maison que moi, elle a quelques semaines d'avance sur moi. Elle pense que j'ai vingt-deux ans, j'ai toujours fait plus jeune.

Audrey m'a rapidement embarquée au sport tous les matins. Elle est une de mes plus belles rencontres, nous nous entendons tout de suite très bien. On ne se raconte pas nos raisons d'être là. Heureuse coïncidence, au milieu de tous les patients, nous découvrons que nous habitons à cinq minutes l'une de l'autre. Nous pourrons donc continuer de nous voir après notre sortie. Les autres résidents découvrent mon bébé. Ils sont choqués de me voir, moi si mince, avec un si petit bébé. Ils pensent que j'ai vingt ans et que mon bébé a un mois et demi. J'en ai trente et ma fille a trois mois, mais je n'explique pas plus. Tout le monde pense que je fais une dépression post-partum…

…

Les journées sans angoisses passent dans la bonne humeur, rythmées par la visite quotidienne du psychiatre bienveillant, la séance de vélo (j'arrive maintenant à pédaler une heure trente, c'était loin d'être le cas les premiers jours), puis la séance de sport collectif où l'éducateur sportif me fait des signes discrets pour adapter les exercices à mon périnée de jeune maman. Le reste de la journée, c'est ateliers, promenade au village, passage à la brasserie et à la supérette pour manger en cachette, shopping de fringues au marché. Seule règle : pas d'alcool, c'est le contrat.

J'arrive même à suivre la randonnée de trois heures ! L'éducateur sportif est impressionné par mon mental, si déterminée trois mois après avoir accouché et quelques jours après mon arrivée dans le service des cas les plus graves. Moi honnêtement, je ne me trouve pas forte, je me trouve lâche. Si j'avais été forte, je serais allée au bout de mon idée, sur ce balcon, plutôt que de lutter toujours et encore avec mon esprit qui vrille.

…

Je n'aurais pas dû venir à cet atelier, « Les angoisses », c'est le titre. J'entends : « Elles durent quinze à vingt minutes », je ne supporte pas ce mensonge, je sors brutalement me réfugier dans ma chambre. Comment peuvent-ils dire cela quand j'ai passé des mois à les subir jour et nuit ? Bravo, ils ont réussi à me redéclencher une crise alors que j'en étais libérée depuis des semaines !

3 juin 2017

Angélique m'appelle toutes les heures. Elle va accoucher. Elle est à la maternité, inquiète que ce soit aussi compliqué que pour son premier accouchement et moi je la rassure, la soutiens, lui donne des conseils. Pour une fois, la relation est inversée, c'est moi qui suis là pour elle.

Et une petite Anaya est née ! Je lui dis que je suis bien désolée que notre père soit avec moi, pas avec elle. Elle ne m'en veut pas, elle comprend qu'on a bien besoin de lui ici.

…

De leur côté, je sais qu'Anthony, mon père et May-

Lan passent de bons moments à la maison. Ils font des barbecues, baignent May-Lan dans la piscine installée pour elle. Notre fille est très sage, elle dort bien et facilement. Mon père la réveille tous les matins et chaque fois, elle sourit. Il s'en occupe beaucoup pour qu'Antho récupère de ces mois d'enfer. Un après-midi sur deux, ils font la route pour venir me voir. Bien souvent, je profite de ces moments pour passer du temps en tête à tête avec ma fille, dans le parc, pendant que les hommes vont jouer aux boules. Mon amour pour May-Lan est là, fort. Je savoure ces moments, je l'habille ou la rhabille quand son père lui a mis n'importe quoi. On se prend en photo toutes les deux. Isa, Nadège, Céline, mon beau-père et ma mère me rendent aussi visite régulièrement. Tout va bien.

…

La crèche m'appelle. La directrice veut confirmer son intégration en septembre, comme nous l'avions envisagée au début de la grossesse. La personne au bout du fil écoute attentivement notre situation actuelle, nos difficultés à nous projeter, moi ne sachant pas quand je sortirai, quand je reprendrai le travail, et Anthony en charge de la petite. La crèche n'accepte que les enfants dont les deux parents travaillent, je m'attends donc à être écartée de la liste. Mais non, cette dame me répond : « Ne vous tracassez pas pour tout ça. Guérissez, prenez soin de votre bébé. May-Lan a sa place à la crèche. Faites-nous signe dès que vous en aurez besoin. » C'est touchant, mais la mucoviscidose avec tous les protocoles de soins et d'hygiène risque bien de les faire changer d'avis. Je préfère quoi qu'il en soit être honnête et lui explique la situation médicale de notre fille. Cette dame ne montre pas d'inquiétude et confirme que May-Lan sera accueillie dans la structure. Merci !

…

J'ai une permission pour la journée, je vais manger ce midi à la maison ! Sortir de ma bulle de douceur ne m'angoisse pas, je sais que je rentre ce soir. Ce sera l'occasion de voir comment je réagis dans cette maison qui a été ma prison. Ce sera aussi l'occasion de vérifier l'état de la maison, quoique je fasse pleinement confiance à Anthony qui aime autant que moi les maisons bien rangées.

Je suis bien dans ma maison. Ma chambre ne m'angoisse pas malgré les nuits blanches que j'y ai passées. Par contre, mon canapé, je ne le supporte plus. M'asseoir dedans, ça me crispe… Je le changerai dès que je le pourrai.

Barbecue, piscine, rires de ma fille, de mon homme, de mon père, quelle douce journée ! La sonnette signale la présence de quelqu'un. Je sais que ma mère travaille, ma sœur est avec son bébé. Je ne vois pas qui cela peut être. Mon parrain est là, avec sa moto. Je n'en reviens pas, il a fait deux heures de route pour venir me voir, partager un barbecue ! C'est une occasion incroyable de le remercier de m'avoir sauvé la vie. Oui, il m'a sauvé la vie, avec son écoute et ses bons mots. C'est un homme humble, on ne le refera pas, il me dit que je me suis sauvée toute seule. Moi, je sais qu'il ne se rend pas compte de ce qu'il a fait pour moi ce jour-là et je veux qu'il l'entende.

Ma reconstruction et les retrouvailles avec mon père et mon parrain

Je donne à manger à ma pépette, je la change, je lui donne son bain… Je suis une maman heureuse.

…

Les jours filent, parfois je refuse même une visite parce que j'ai trop d'occupations prévues. Audrey est devenue ma complice du quotidien. Les visites psy, les ateliers, les traitements, rien n'est tabou entre nous, les résidents. On se file de la bouffe en cachette. La seule règle intransigeante : ne pas aller dans la chambre des autres.

…

Audrey m'annonce : « Poulette, je sors dans quelques jours ! » Séisme intérieur, panique. Je vais me retrouver seule à la clinique. Avec Audrey, on se marrait tout le temps, au tai-chi, au yoga dans le jardin. C'était plus fort que nous, le moindre regard partagé nous faisait mourir de rire, pourtant on essayait d'être sérieuses ! On s'était livrées l'une à l'autre, on était là l'une pour l'autre, et maintenant, elle va partir…
Je ne peux rien maîtriser, la crise gronde et s'abat. Une belle grosse crise d'angoisse comme je n'en ai pas eu depuis un moment. Je ne sais pas ce qu'on me donne, mais le calme m'envahit, beaucoup, totalement, je dérive, je pars…

…

Un jour et demi est passé, sans moi. Je ne sais pas où j'étais pendant tout ce temps. Après plusieurs minutes pour sortir du brouillard, je réalise que je n'ai pas quitté mon lit. Visiblement, ils ont eu la main lourde sur le Valium. Un jour et demi KO, ça me rappelle le Cap 72. Il est hors de question que ça se reproduise. Même les résidents sont soulagés de me voir sortir de ma chambre, ils s'inquiétaient de ne pas m'avoir vue. Il ne me reste que quelques petits jours avec Audrey, je suis bien décidée à en profiter !

…

C'est mon tour. Mon état est stabilisé, mon traitement efficace, on m'annonce ma sortie prochaine. Rebelote, cette satanée angoisse me reprend en otage… mais cette fois, je ne veux pas de soupe de Valium ! Ce qui est bien dans ce cocon, c'est que dès que l'angoisse se pointe, il y a toujours quelqu'un pour venir vous écouter, vous aider, vous donner quelque chose… Comment vais-je faire chez moi ?

26 juin 2017

Je quitte la maison de repos, pleine de gratitude pour tout ce personnel attentionné, et un peu tendue de savoir comment va se passer mon retour. Je sais en tout cas que, si une autre dépression me terrassait dans l'avenir, je reviendrais ici les yeux fermés, en toute confiance. En attendant, mon rendez-vous avec Magali est déjà pris. Elle va me surveiller très régulièrement, sur mon dossier il est écrit « dépression sévère aiguë ».

…

Je suis immédiatement à l'aise chez nous et avec May-Lan. Mon père reste quelques semaines encore pour profiter de moi, de nous, pour passer le relais en douceur.

…

Mon père est rentré à Lyon, nous reprenons une vie normale à trois. Je cuisine, je fais le ménage, on rigole et ça fait du bien. La maison n'avait pas entendu nos rires depuis longtemps. On se retrouve avec Anthony… Ma mère, mon beau-père, ma sœur, les amies passent à la maison.

…

Maman et Fabien passent le week-end chez nous pour m'aider à décaler les biberons de May-Lan. Dans la foulée, elle fait ses nuits. Elle est toujours aussi calme. Certains médecins disent qu'elle sait que j'avais besoin d'espace pour aller mieux. On ne saura jamais si c'est vrai. Mais tout le monde m'avait dit pendant ma grossesse que j'allais faire un bébé anxieux. Eh bien non, elle est calme, souriante, adorable.

UNE
NOUVELLE VIE

Apprendre à vivre
heureuses
avec la mucoviscidose

Août 2017

Je rejoins ma sœur et mon beau-frère à Cavalaire. Ils y sont pour trois semaines avec leurs enfants. J'emmène May-Lan, quelques jours en bord de mer nous feront du bien. Mon traitement ne me permettra pas de profiter des soirées et des apéros, mais je profite de retrouver une vie presque normale.

…

Ma sœur et moi nous occupons des enfants ensemble. Nos deux filles, toutes deux bébés, ressemblent à des jumelles selon les personnes que l'on croise. Angélique me permet de me reposer quand le traitement m'assomme. Nous passons un bon moment tous les six.

Ce soir, je garde les trois petits pendant que ma sœur et mon beau-frère profitent d'une soirée en amoureux au bord de l'eau. C'est la première fois que je suis seule pour faire l'aérosol quotidien de ma fille. Je ne sais pas pourquoi les larmes me montent ainsi… Je pleure.

…

Cette semaine entre filles à la mer m'a fait beaucoup de bien. La vie à la maison semble redevenir normale. C'est rassurant de voir que je reprends le dessus.

…

Je pensais que tout était rentré dans l'ordre, je ne m'y attendais pas : Anthony veut qu'on se sépare. J'ai beau essayer de comprendre, de le rassurer en lui disant que je vais mieux, je sens bien que pour lui c'est fini. C'est vrai qu'il a beaucoup assumé ces derniers mois, qu'il s'est beaucoup occupé de moi et de notre fille, qu'il a tenu bon sans se plaindre. Nos discussions n'y changent rien, nous devons tourner la page. Ça me rend triste, mais j'accepte en me disant qu'il n'avait pas eu la chance de se faire aider durant ces mois d'enfer partagé… Il a bien le droit d'avoir besoin de prendre ses distances avec tout ça.

Septembre 2017

Ma situation de mère célibataire en arrêt maladie ne joue pas forcément à mon avantage pour trouver le nouvel appartement de ma nouvelle vie, seule avec ma fille. Ma mère et Fabien viennent m'aider.

Un jeune homme me fait confiance. Je signe une location au septième étage d'un immeuble. J'investis mon nouveau chez moi, je le repeins, je l'aménage avec des meubles que je retape. Je veux en faire un cocon agréable pour ma fille, pour nous deux. May-Lan dormira dans une chambre de princesse que nous préparons avec ma mère.

…

Comme chaque mois, j'emmène mon bébé à Marseille pour ses examens. Et comme à chaque fois, ils restent stressants pour moi. May-Lan est ballonnée. C'est de ma faute, la pneumologue me l'a reproché. Je donne mal le biberon, je ne suis pas capable de vérifier que la tétine est pleine de lait. Elle m'a sermonnée comme une enfant. Pourtant, je le sais, on me l'a répété deux semaines en néonat. Je suis peut-être à l'ouest, mais quand même je ne suis pas bête au point de faire téter ma fille à vide, non ? Ses reproches, je les encaisse.

Je rentre démoralisée de m'y prendre mal. Si je ne suis pas capable de m'occuper de ma fille, à quoi bon ? Pour peu, je me laisserais bien tomber de mon balcon. Heureusement qu'il y a le soutien de ma copine Jeny au téléphone, les sourires et les câlins de ma fille pour adoucir cette journée…

Installée dans notre nouveau logement, stabilisée par mon traitement, je pense qu'il est temps d'amener May-Lan à la crèche. Je n'aime pas l'idée que nous vivions en huis clos toutes les deux. Je trouve important qu'elle voie d'autres adultes, d'autres bébés, un autre lieu de vie. Ces deux jours de garderie me permettraient de me reposer et d'aller à mes rendez-vous de suivi au CMP. Le suivi est très régulier, une fois par semaine. J'avance bien. Jusque-là, le personnel de la structure se régalait à garder ma fille le temps de la consultation, mais j'avoue ne pas être contre avoir du temps pour me concentrer sur ma guérison. Je demande à baisser doucement mon traitement, Magali n'est pas très enthousiaste, mais elle voit ma motivation à aller mieux.

…

Je parle de mon envie de sociabiliser ma fille à la pneumologue, elle s'oppose à l'intégration en crèche. Un enfant qui a cette maladie ne doit pas vivre dans une collectivité, il est préférable de chercher une nounou. Moi, l'idée qu'elle soit en tête à tête avec une seule nounou ne m'enchante pas. Je ne lui laisse pas le choix, d'autant que le personnel de la crèche est prêt à l'accueillir, sans crainte, malgré toutes les préconisations à suivre : lavages réguliers du nez au sérum physiologique, nettoyages très réguliers des surfaces et des mains, surveillance et enlèvement des eaux stagnantes, propositions régulières de boire son biberon enrichi en sel et apport de matière grasse dans son plat. Si la crèche s'engage à faire ce qui doit être fait pourquoi faire grandir ma fille différemment des autres enfants ?

…

J'aime ce nouveau quotidien, entre journées câlines à la maison et journées de jeux à la crèche pour May-Lan, du temps pour moi. Depuis que nous vivons à deux, je découvre ma capacité à assumer ma fille. Je nous prends souvent en photo. Les puéricultrices de la crèche ont toujours le sourire quand elles voient arriver May-Lan : jamais deux fois la même tenue, toujours assortie du bandeau aux chaussures, et jamais en pyjama. Entre les vide-greniers et les habits que me donnent les puéricultrices de la crèche, j'arrive toujours à l'habiller différemment, mais stylée. Comme elle ne grandit pas beaucoup, le stock d'habits dure longtemps.

…

Nous deux, tant d'amour

Je me sens bien mieux, l'occasion de reprendre contact avec mes amies après des mois de silence. J'ai enfin les mots pour leur expliquer ce que j'ai traversé. Elles ne m'avaient pas comprise, mais à vrai dire, je ne me comprenais pas moi-même. Je ne leur en veux plus, mais je leur avoue qu'un appel, un « ça va ? », ça m'avait terriblement manqué. Dès lors, nous reprenons nos rendez-vous entre copines, les soirées à la maison, les sorties entre filles, je fais tout toujours avec May-Lan.

…

Comme tout enfant en collectivité, la mienne n'échappe pas à la règle. Son premier hiver est rythmé par les rhumes. La consigne dans ce cas-là, c'est de toujours appeler le CRCM avant de faire quoi que ce soit. Ce sont eux qui orienteront selon les symptômes que je leur donne. Cette fois-ci, elle enchaîne vingt-deux séances quotidiennes de kinésithérapie respiratoire…

Janvier 2018

Encore une fièvre et une gêne respiratoire, May-Lan est encombrée. Cette fois, le médecin du CRCM tranche rapidement. Je dois la descendre au plus vite à Marseille, aux urgences. C'est la fin de journée, le temps que nous arrivions, il m'assure qu'il fera passer l'information à l'équipe de nuit pour préparer son accueil qui doit être le plus stérile possible, dans un sas isolé. Il est hors de question que je conduise avec ce stress, j'appelle le taxi qui nous emmène aux consultations habituelles. Nous filons.

Une heure de route avec mon bébé fiévreux, je ne suis pas rassurée. N'aurait-ce pas été plus simple d'aller à la maison médicale à côté ou même aux urgences les plus proches ? Est-ce bien raisonnable toute cette route ?

L'infirmière d'accueil ne trouve pas notre nom sur la liste des arrivées. L'information n'a pas été transmise, elle ne connaît pas le dossier. Je lui explique que le CRCM nous a fait descendre en urgence parce qu'il s'agit d'une mucoviscidose à surveiller de près. Elle nous invite à patienter avec les autres malades, dans la salle d'attente sale. Impossible ! Ma fille porte son masque comme chaque fois qu'elle vient au CRCM pour éviter les germes des autres mucoviscidoses, mais la laisser, là, fiévreuse, au milieu de ce bouillon de bactéries et de virus, ça m'angoisse. Je refuse. Après avoir réclamé un isolement, un médecin la consulte rapidement dans une pièce à part, et fait une prise de sang, sans rien dire.

Il commence à se faire très tard, personne ne sait me dire ni combien de temps ni qui je dois attendre. Dans l'empressement, je n'ai pas emporté mon traitement, et je vois l'heure de la prise avancer. Ça m'inquiète. Nous voir là depuis des heures dans cette pièce pas vraiment propre, en repensant au nettoyage minutieux que le CRCM met en œuvre à chaque visite, ça m'inquiète encore plus. Je ne vais pas attendre plus longtemps dans ces bâtiments insalubres, je m'énerve du peu de sérieux de la prise en charge d'un bébé malade avec une mucoviscidose. Je signe une décharge pour rentrer chez nous en espérant que le Doliprane suffise à faire tomber la fièvre. J'irai chez mon médecin demain matin et j'appellerai le CRCM pour leur expliquer ce que je pense de ce passage obligé aux urgences.

Février 2018

May-Lan a un an. C'est l'occasion de réunir ma famille, mais aussi mes amies que j'avais retrouvées. Mes proches, mes amies à nouveau réunies, autour de ma pépette, c'est le bonheur.

…

Un joyeux premier anniversaire

La nuit passée aux urgences le mois dernier n'est qu'un très mauvais souvenir. May-Lan est vite allée mieux après un passage chez mon médecin. Mais le rendez-vous mensuel avec la pneumologue est l'occasion de faire le bilan de ce suivi que nous subissons depuis des mois. J'ose lui dire que je n'en peux plus de son ton moralisateur et culpabilisant, du manque de considération pour la maman que je suis, du manque de pédagogie et d'explications. Je lui reparle de cette consultation pendant laquelle elle m'avait fait la morale sur ma façon de donner le biberon. Je lui avoue les idées noires qui en étaient nées. C'est donc terminé, je ne subirai plus. Je réclame le dossier médical de ma fille pour aller m'adresser à un autre centre, à Montpellier. Oui, c'est une très bonne pneumologue, mais humainement son comportement ne m'est pas supportable. Puisque le suivi de ma fille durera toute sa vie, je préfère que ce soit avec quelqu'un d'autre. De toute façon, ce ne pourra pas être pire.

Mars 2018

Enfin, notre premier rendez-vous à Montpellier. Nous croisons les doigts pour ne pas être déçus. Le lieu est simplement propre, entretenu, chaleureux. C'en est presque étonnant. Nous sommes accueillis par une équipe complète de kinés, puéricultrice, infirmières et médecins. Tous écoutent notre histoire et je ne leur cache rien de ma grossesse ni du présent, de ma fragilité encore présente. Le protocole voudrait qu'avec ses un an, les visites de May-Lan s'espacent, mais l'équipe propose de continuer un rythme mensuel pour apprendre à nous connaître et tisser un lien de confiance. Ils nous disent bien qu'il n'y a pas de questions idiotes, que le moindre doute doit être éclairé. Quel changement d'ambiance !

31 mars 2018

Aujourd'hui, j'ai trente et un ans. Mais comme depuis longtemps, ça m'est égal. Je ne le fêterai pas. Je suis en voiture, seule. Les images, les sons, toute la journée de l'annonce de la maladie me reviennent en flash. C'était il y a un an jour pour jour. Les émotions remontent à l'identique, je pleure. Je pense que la voiture de devant s'engage après le stop, j'avance. En fait, non, elle n'avait pas avancé, je lui rentre dedans. Je remplis le constat en reconnaissant mes torts et en m'excusant de passer un mauvais jour. Cet accident me perturbe. Je rentre et je finis ma journée en pleurant.

Printemps 2018

Montpellier gère très bien notre suivi. Réactifs, à l'écoute, fiables…, je ne regrette pas d'avoir changé de CRCM. J'avoue respirer, soulagée que ça se passe si bien. Ça m'aide à retrouver confiance en moi, mon estime de moi-même, à me sentir être une bonne maman.

Juin 2018

Je vois Magali pour parler de mon envie de reprendre le travail. Elle est sur la réserve et m'impose un mi-temps thérapeutique. Je m'y oppose, mais elle me fait réaliser que le quotidien va être compliqué. Il va falloir combiner le temps de travail et tout ce que je dois faire sans May-Lan : le ménage et ses produits irritants à respirer, les courses dans les grands magasins trop remplis de microbes, mon suivi médical. Comment vais-je pouvoir travailler toute la semaine et tenir le protocole pour protéger May-Lan ? Elle a peut-être raison.

…

Mon patron, toujours bienveillant, accepte le mi-temps et me propose des aménagements arrangeants bien qu'il s'étonne que je veuille reprendre avant l'été. Moi, je sens que ça fait trop longtemps que j'ai arrêté, je crains d'avoir perdu mes automatismes. Il me conseille franchement de profiter de l'été avec ma fille, il sait que l'année a été très dure. Revenir en septembre me laisse le temps de trouver une nounou puisque mes nouveaux horaires aléatoires, quand je suis de fermeture ou d'ouverture, ne fonctionneraient pas avec les horaires de la crèche.

…

La responsable du réseau d'assistantes maternelles de la ville comprend que je n'aie pas envie de raconter la situation de ma fille à dix nounous. Elle m'en conseille donc une nouvelle en reconversion qui habite juste à côté de chez nous. Cette femme de cinquante ans ne craint pas les protocoles sanitaires dont je lui parle. Le CRCM de Montpellier est disponible pour répondre à ses questions, elle a leur numéro. Mes horaires ne l'inquiètent pas et d'autres enfants viendront jouer avec ma puce. J'accroche tout de suite avec elle, et May-Lan aussi. Encore une belle rencontre.

Été 2018

Mes envies de grands voyages reviennent me titiller. Je m'étais toujours promis de ne pas m'empêcher de voyager si j'avais un jour un enfant, mais jusque-là mon moral ne m'avait pas aidé à trouver la motivation. En ce moment, je me sens prête à partir avec ma fille, en Thaïlande, si les médecins sont d'accord. J'y suis déjà allée, j'avais adoré. Je sais que mon père y sera avec sa copine et ses amis, c'est un hasard, mais ça me rassure.

…

L'équipe du CRCM n'y voit pas d'objection. Il y a bien sûr des précautions à prendre et du matériel à prévoir. Le traitement coûte très cher et ne m'est délivré que par petites quantités limitées et calculées au jour près. Il faudra donc voir avec la pharmacie pour commander ses doses à l'avance, voir avec le fournisseur d'aérosol pour avoir assez de masques stériles quotidiens. Il faudra faire attention aux fruits, ne pas manger leur peau, faire attention à l'eau du robinet sur place, privilégier l'eau en bouteille… Cela prendra du temps, mais le projet sera faisable.

Septembre 2018

Magali avait raison, un mi-temps pour reprendre c'est la meilleure solution. C'est vrai qu'être mère célibataire, travailler et adapter le quotidien à la mucoviscidose, c'est une course. Ce ne serait pas tenable avec un temps plein. Par contre, cet arrangement ne durera qu'un an et après, soit je continue à ce rythme et je perds la moitié de mon salaire en travaillant, soit j'arrête de travailler et je ne sais pas de quoi je vais vivre. J'ai quelques mois devant moi pour trouver une solution, en espérant qu'il y en ait une.

…

Chaque visite mensuelle au CRCM est l'occasion de faire le point sur la préparation du voyage : traduire les ordonnances et la notice d'aérosol pour les douanes ou pour un éventuel passage chez le médecin sur place, réfléchir au kit médical minimum à avoir dans le bagage à main, trouver un hôpital de secours, apprendre les bases de la kiné respiratoire pour prendre le relais entre deux visites d'un kiné local que mon père connaît…

Février 2019

Je suis contente de partir, mais honnêtement, je stresse un peu. Trois avions, deux escales de plusieurs heures, même avec l'assistance, voyager avec un bébé, c'est quand même un challenge. Je pars donc avec une valise à pharmacie, le matériel d'inhalation, nos valises d'habits, la poussette et les deux bagages à main. Heureusement, mon amie Jeny m'aide à tout porter à l'aéroport. À l'arrivée en Thaïlande, mon père prendra le relais.

May-Lan est très calme pendant tout le trajet. À chaque escale, une personne nous guide vers les salles d'attente.

Avant de rejoindre mon père dans le hall de l'aéroport, des personnes sympas m'ont aidée à récupérer les bagages sur le tapis. Nous sommes tellement heureux de nous retrouver tous les trois ! Le taxi de mon père nous ramène au lodge, c'est le soir, je vais pouvoir prendre enfin une douche avant de manger tous ensemble. Une bonne nuit de sommeil nous fera du bien après cette longue journée de voyage.

…

Arrivée de nuit, May-Lan n'a rien vu du paysage. Je la laisse dormir tant qu'elle en a besoin. Rien ne nous oblige à rien, rien ne nous presse.

Nous traînons en pyjama, May-Lan est vite attirée par l'extérieur. La terrasse, la verdure, le chemin qui mène à la plage. Quand elle aperçoit la mer, ses yeux s'illuminent comme jamais ils ne l'ont été. Elle crie : « Maman, la mer ! » L'émerveillement sur son visage vaut largement tous les efforts du voyage. Je pleurerais bien un peu pour ces minutes magiques.

…

Le temps passe sereinement. Le matin, nous déjeunons face à la mer avec des fruits frais. Mon père marche des kilomètres sur la plage et nous partageons un verre à son retour. Le reste de la journée, c'est baignade, massage, excursion en bateau ou visite. Donner à manger aux poissons, se baigner dans des eaux limpides, un mois au paradis…

…

Personne n'ose se l'avouer, mais la fièvre de May-Lan nous inquiète. La seule chose qui tempère mon angoisse est l'absence d'autres symptômes, ni maux de ventre ni mucosité dans les poumons. Je croise les doigts pour que le Doliprane fasse son travail. Nous la veillons de près et restons au calme dans notre lodge.

…

La fièvre a disparu comme elle était apparue : rapidement et sans explication. Tant mieux, nous pouvons reprendre le cours de notre séjour paradisiaque l'esprit léger.

…

Mon père, sa copine thaïe, et ses amis du pays fêtent les deux ans de May-Lan avec des bougies sur des fruits frais. Deux ans, c'est troublant de repenser au chemin parcouru. Il y a deux ans, j'étais dans un gouffre, incapable de ressentir de l'amour pour ma fille. Ce soir, nous sommes heureuses, à l'autre bout du monde. J'ai peut-être des mois d'amour en retard que je veux combler. Sans doute. J'en fais peut-être trop, mais nous ne savons pas ce que la vie nous réserve, autant profiter de ce genre de moments si beaux, si intenses. Je veux qu'elle profite de chaque jour qui passe.

…

J'aurais dû écouter Dédé, le copain de mon père. Cette balade en éléphant était une mauvaise idée. Un piège à touristes que mon père ne voulait pas faire, mais j'ai insisté, pour May-Lan. Le guide m'a fait monter sur un éléphant avec ma fille, derrière lui, et mon père sur un deuxième éléphant. J'aurais aimé que nous montions tous ensemble, mais le guide n'a pas voulu. La balade s'avançait, nous donnions des morceaux de bananes à l'éléphant, ça faisait rire May-Lan. Le chemin se séparait en deux virages qui menaient au même endroit. Notre éléphant a choisi de s'engager sur celui de droite, celui de mon père sur celui de gauche. Je n'étais pas rassurée qu'on soit séparés. L'animal s'est mis à barrir, fort. C'était impressionnant. J'ai pensé que le guide nous faisait le spectacle. Puis, nous avons senti l'animal accélérer et se mettre à courir. Ma puce toute petite s'est mise à crier et à bondir. Je me suis accrochée de toutes mes forces au bord du siège tout en tenant fort ma fille, pendant que le guide tentait de calmer l'éléphant. Il m'a crié de jeter les bananes, et sifflait. Mon père au loin se rendait compte que quelque chose clochait. Ces quelques secondes ont été très longues. Un enfer. Une dizaine de Thaïs sont venus en courant enchaîner les pattes de l'éléphant pour l'immobiliser. Une fois descendues toutes les deux en pleurs, nous avons fini le chemin à pied, tremblantes, vers mon père fou d'inquiétude. Pour qu'elle ne reste pas traumatisée, j'ai emmené ma fille donner à manger aux éléphanteaux. On préfère en rire ce soir à l'apéro, mais l'adrénaline a mis du temps à redescendre !

Un séjour au paradis

…

Ce séjour nous a créé de magnifiques souvenirs avec mon père que je ne vois pas souvent. May-Lan n'a pas eu de gros soucis de santé, elle a fait beaucoup de progrès dans son langage, même si la plupart du temps, elle entend de l'anglais et du thaï. Elle a joué avec les petits Thaïs sur le sable, entre eux la barrière de la langue n'existe pas. Maintenant, elle parle comme une petite fille. Toutes les bonnes choses ont une fin, il faut rentrer.

…

Le deuxième avion est cloué au sol depuis trois heures, sans explication ni possibilité d'en sortir. May-Lan a faim, la situation devient tendue. Je demande au personnel ce qu'il se passe et l'on m'explique qu'un conflit nous empêche de survoler l'un des pays… Il faut attendre. Combien de temps ?

L'avion décolle enfin et May-Lan s'endort. Je regarde mes prochains billets d'embarquement et réalise que le prochain avion ne pourra pas m'attendre. Alors comment vais-je gérer ? L'angoisse monte, je me lève pour aller aux toilettes afin d'éviter la crise.
Sueurs froides, voile noir, black-out.
Les hôtesses me relèvent et me demandent ce qu'il m'arrive.

Je leur explique au mieux mon inquiétude quant à la suite de mon retour. Gentilles, elles appellent l'aéroport pour changer mes billets. J'ai pris des dizaines d'avions, mais c'est la première fois que je rate une correspondance, je ne suis pas tranquille.

L'assistance prévue n'est pas à l'arrivée, et en plus ma poussette a disparu. Je dois me débrouiller seule avec May-Lan fatiguée pour m'orienter, transporter les bagages à main, appeler ma mère et Jeny qui devaient me récupérer. Je me pose avec ma fille dans un hall d'attente. C'est certain, l'agence aura droit à une réclamation ! J'ai hâte d'être chez moi, dans mon lit. Mais, il n'empêche que je compte bien repartir l'année prochaine !

Mars 2019

De nouveau, cette fièvre forte et sans autre symptôme couche May-Lan, sans force. Elle qui ne se plaint jamais et bouge en permanence est à nouveau toute fatiguée. Cette deuxième vague de fièvre nous amène encore au CRCM pour écarter tout risque.

Les résultats de l'analyse de crachats laissent les

médecins étonnés, circonspects. Une mycobactérie à développement lent. Extrêmement rare. Ils ne savent pas expliquer ni où ni comment cette bactérie a pu passer dans ses poumons. Ils ne savent pas non plus comment la traiter. Son traitement contre la muco demande beaucoup de prudence pour trouver des médicaments compatibles. Le mieux pour le moment, et tant qu'il n'y a pas d'aggravation, est de surveiller la fièvre et son évolution… Personne ne sait à quoi s'attendre ni combien de temps elle risque de traîner cette bactérie. Nos visites qui devaient devenir trimestrielles resteront mensuelles pour analyser régulièrement son sang.

Avril 2019

C'est bien ce que je disais : on ne sait pas ce que la vie nous réserve. Mon premier amour, Flo, vient de mourir. Il était le frère de l'une de mes meilleures amies, Jeny. Nous avions gardé contact. Je l'ai accompagné au mieux. Heureusement, Nounou a accepté de me garder May-Lan chaque fois que j'allais lui rendre visite. J'ai pu profiter de lui jusqu'au bout. C'était dur. J'ai bien peur que sa mort ne me fasse flancher encore une fois…

…

La peine est là, mais je ne retombe pas dans le gouffre des angoisses. Je suis soulagée.

…

Après la mort de Flo, je ne voulais plus entrer dans une église. C'est Jeny qui m'a convaincue de maintenir la fête. Elle, elle n'a pas renoncé à faire baptiser sa fille, tout en ayant perdu son frère. Si elle peut le faire, je le peux aussi. Et effectivement, toutes nos familles réunies autour de nous nous donnent tant de joie, ça valait le coup de faire le baptême de May-Lan.
Teri Moïse sera le fond musical de cette fête, elle accompagne l'arrivée des gâteaux, avec émotion, comme elle avait accompagné mon retour de l'hôpital le jour de l'annonce de ma grossesse. Oui, cette petite fille surprise a changé ma vie et je serai là, toujours, pour elle.

…

En discutant avec une amie, j'apprends que, par la maladie de son fils, elle a droit à des AJPP*. Elle touche une indemnité pour combler sa perte de salaire depuis qu'elle doit s'occuper de son enfant. Personne ne m'en avait parlé, je crois rêver, comme si le système n'invitait pas les parents d'enfant malade à garder une vie sociale et professionnelle

* allocations journalières de présence parentale

normale.

…

Effectivement, j'y ai droit, si mon patron est d'accord. Heureusement, mon patron est toujours conciliant. Je vais pouvoir voir venir encore quelques mois après mon mi-temps thérapeutique, garder notre rythme installé sans m'inquiéter pour nos finances.

Octobre 2019

Une annonce signale que l'appartement juste au-dessus du mien est en vente, à un bon prix, avec quelques travaux, mais ça ne me fait pas peur. J'aimerais que ma fille ait un héritage, j'ai envie d'investir. J'appelle au numéro pour un rendez-vous, le monsieur m'avertit que je serai la dernière visite. Le bas prix attire trop de monde, après moi ce sera une agence qui gérera la vente. Je lui dis que je peux visiter rapidement puisqu'il me suffit de monter un étage. Il tique sur mon nom. « Amélie, c'est toi ? C'est Philou ! » J'avais au bout du fil, mon premier voisin qui m'a vue emménager dans cette ville à l'âge de quinze ans. Quand il apprend la maladie de ma fille, le besoin d'un logement sain, avec climatisation, il me dit : « S'il te convient, il est pour toi. » Quel heureux hasard, c'est incroyable ! D'ailleurs, il me parle d'une association de la ville, C'est pour toi, qui se mobilise pour certains enfants malades. Il y est bénévole et pense que ce serait bien pour May-Lan. Mais pour moi, parler de la maladie ouvertement devant des centaines de personnes, non. Je ne suis pas prête pour cette mise en avant publique.

J'avertis mon propriétaire dans la foulée que l'offre du voisin m'intéresse. Étrangement, il songeait à me vendre celui où j'habite. Il se renseigne auprès de son notaire et me promet une offre rapide. Décidément, la chance est avec moi. Je vais pouvoir choisir entre deux appartements, deux bonnes affaires.

…

Les jours passent, la proposition de mon propriétaire ne vient pas. J'ose lui envoyer un message pour savoir si tout va bien.

…

J'attends depuis quelques jours son coup de fil et enfin je reçois son appel. Ce n'est pas lui que j'entends, mais une voix de femme. La copine de mon propriétaire m'annonce qu'il est décédé d'un accident de moto. Pour moi, c'est clair, je ne peux plus imaginer acheter cet appartement. J'y resterai le temps que la succession se fasse et que les travaux de mon appartement du huitième soient terminés

…

Je n'aurais pas imaginé un jour être capable de gérer toute seule le choix des artisans, l'avancée des travaux… Et pourtant, encore une fois, je m'étonne de moi-même. Depuis ma dépression, ma confiance en moi, mon regard sur moi ne sont pas très glorieux. Toutes ces étapes, tous ces projets, me révèlent à moi-même.

Novembre 2019

Surprise ! La mycobactérie mystérieuse a disparu soudainement. L'analyse de crachat montre un retour à la normale ! Je ne cherche pas le comment du pourquoi. Je savoure juste le soulagement d'enlever cette inquiétude de notre quotidien.

Février 2020

Nous partons en voyage à Bali avec ma petite sœur Lolita dont je suis très proche. Nous avons habité ensemble quelques années quand je me suis occupée d'elle de ses quinze ans à sa majorité. Cette fois, mon père ne nous accueillera pas à l'autre bout du monde, alors je préfère que ma sœur soit là, en permanence à nos côtés, pour m'épauler au cas où. J'ai préparé deux programmes. L'un nous mènera d'île en île si May-Lan va bien. L'autre nous fait rester sur Bali si elle n'est pas en forme.
Pour ma sœur, c'est son premier grand voyage, une aventure. May-Lan passe un bon vol, elle s'adapte bien aux voyages, elle doit tenir ça de moi.

…

Nous fêtons son troisième anniversaire à Ubud, sur une toute petite île, à la mode indonésienne. Le personnel de l'hôtel nous a vues, ce matin, lui faire souffler ses trois bougies sur un toast de petit-déjeuner. Une gentille dame de service est venue la féliciter et nous a invitées à l'anniversaire des six ans de sa fille ce soir. Entourée de locaux qui chantent dans leur langue, avec beaucoup de rires et de gentillesse, May-Lan se tient debout sur sa chaise pour regarder, émerveillée, les bougies posées sur une montagne de fruits frais, l'offrande traditionnelle qui assure bonheur et santé. Le reste de la soirée est convivial, ma pépette joue avec les autres enfants. Moi qui aime découvrir la vie, les gens, les traditions des lieux que je visite, là, c'est vrai, nous vivons un moment magique de pur bonheur. C'était notre dernière soirée avant de partir en périple sur d'autres îles, elle restera inoubliable. Je garderai précieusement la vidéo, pour May-Lan, qui aura peut-être oublié en grandissant.

…

J'aime ces moments tendres et hors du temps, comme ce matin, où je regarde ma fille endormie, paisiblement blottie contre ma sœur, tout aussi détendue. J'ai de la chance de les avoir, j'ai de la chance de vivre ça avec elles.

…

Ce matin, May-Lan s'est levée avec des taches noires partout autour des yeux. En y regardant de plus près, on constate avec ma sœur qu'elle a tenté de se maquiller avec le mascara de sa tata Lolita. Mon bébé devient une vraie petite fille coquette.

Une aventure inoubliable

May-Lan fait son entrée en maternelle, tout heureuse avec son nouveau cartable. Entre la crèche et les voyages, elle n'est pas du genre inquiète de la nouveauté. Ceci dit, en juin, la directrice s'était montrée très stressée par la présentation du PAI*, surtout en ce qui concerne les passages aux toilettes. Pour bien faire, il faudrait des toilettes particulières pour elle, mais les bâtiments n'offrent pas cette solution. Il faudra veiller à ce qu'aucune chasse d'eau ne soit tirée en sa présence. Elle s'est montrée très froide quand je lui ai demandé s'il y avait d'autres cas de muco dans l'école. Elle m'a répondu « secret médical ». La question tenait du fait que deux mucos ne peuvent partager le même air sans se contaminer l'une l'autre. Cela ne m'a pas rassurée quant à son accueil…

…

Visiblement, ma pépette est comme un poisson dans l'eau dans sa classe de petite section avec Florence et Céline, son ATSEM* qui gère le protocole d'hygiène sérieusement et la prend sous son aile avec beaucoup de bienveillance.

* agent territorial spécialisé des écoles maternelles

…

Mon amie qui m'avait renseignée sur les AJPP est décédée. Décidément, j'enchaîne les pertes de proches… Je reviens de l'enterrement de mon amie et récupère May-Lan chez sa nounou. Quand elle ouvre la porte, la tristesse me submerge et je m'effondre en pleurs. Elle refuse de me rendre ma fille dans cet état, me conseille d'aller me reposer chez moi. Elle m'amènera May-Lan dans la soirée, lavée, nourrie et en pyjama. Elle restera avec moi, s'il le faut. J'ai une chance énorme de l'avoir dans nos vies, toujours là pour nous deux, elle est devenue comme une deuxième maman.

Printemps 2021

Aujourd'hui, la maîtresse et l'ATSEM demandent à me voir à la sortie de la classe. Ma fille avait apporté une médaille de la maison, l'avait montrée à ses copines en cachette et avait voulu dormir avec à la sieste. Elles lui ont expliqué que ce n'était pas possible de la prendre pour la sieste et lui ont demandé d'expliquer ce qu'était cet objet qui semblait si important. Elle leur a raconté que c'était un cadeau du docteur de l'hôpital. Je ne savais pas que la coquine avait emporté ça à l'école… « Par contre, si elle veut, elle peut expliquer pourquoi elle a eu cette médaille à ses copains de classe. On dirait que ça lui tient à cœur. » Personnellement, je n'ai pas envie que toute la classe sache ce que cette maladie lui fait vivre. Depuis l'annonce de la muco, j'en parle très peu, juste avec les très proches. Je ne tiens pas à ce que May-Lan porte une étiquette de petite fille malade, ni qu'elle attise la curiosité, ni la pitié. Je veux qu'elle vive comme les autres. Ceci dit, May-Lan sait répondre aux curieux qui veulent savoir pourquoi elle doit boire en classe ou manger un goûter spécial : « Ça te regarde pas ! », « Si, j'ai le droit ! » Après tout, c'est sa vie, autant lui demander son avis. « Ben oui, j'ai envie de raconter ! » Me voilà bien embêtée ! Je me dis que du haut de ses trois ans, avec ses mots d'enfant, elle ne dira que l'essentiel : à l'hôpital, elle a bien fait le souffle que le docteur a demandé et qu'il était content d'elle.

…

May-Lan a appris très vite à être autonome pour ses soins, pour ne pas subir les gestes répétitifs des adultes. On a commencé avec le sérum physiologique dans le nez. Ce doit être une des rares petites de maternelle à savoir se moucher impeccablement. En même temps, elle n'a pas le choix. Maintenant, elle apprend à cracher seule, elle s'évitera ainsi les aspirations durant les séances de kiné du

CRCM. Elle ritualise des exercices rigolos pour oublier que c'est une contrainte : souffler fort sur une vitre imaginaire, puis faire le lion qui grogne, et enfin tousser plusieurs fois, pour enfin cracher. L'école est au courant, ma fille a besoin de cracher quand elle est prise, plusieurs fois par jour, ou dans un mouchoir en classe, ou dans un coin de la cour. Elle n'a pas le choix, car avaler ses « cracheux », c'est lui causer des problèmes digestifs.

Ma petite guerrière!

Octobre 2021

Pourquoi ce soir l'angoisse me reprend-elle ainsi, si violemment ? Pourtant tout allait bien jusqu'à présent, ma vie était redevenue presque normale : aménagement de l'appartement, travail, rendez-vous médicaux… C'est vrai que la mauvaise ambiance depuis le changement de direction au travail et les décès de mes amis n'ont pas été faciles à traverser. Mais j'ai réussi à tenir bon.
Incontrôlable, cette angoisse ne me lâche pas. Demain, nous serons samedi, le CMP sera fermé, je vais devoir attendre lundi.

…

Trois jours qu'elle me tétanise, cette angoisse qui vient de nulle part. Je n'avais pas le choix que d'attendre aujourd'hui, lundi, pour avoir la secrétaire du CMP. Elle me propose un rendez-vous dans trois semaines. Je pense que je ne serai plus de ce monde d'ici là. Magali ne m'a pas vue depuis un an, là, elle doit me voir rapidement.

Je suis au travail, j'ai Magali au téléphone qui vient aux nouvelles. Elle ne pourra me recevoir que demain. C'est déjà ça. Je rejoins le self pour ma pause repas. L'angoisse me coupe l'appétit, mais je me force à manger un peu. En revenant à mon bureau, je sens une envie urgente de vomir. Je cours, sueurs froides, voile noir, black-out.

Je découvre autour de moi des collègues qui me prennent la tension. J'apprends qu'une collègue m'a rattrapée juste avant que je me cogne la tête contre le tranchant de la porte. Ça y est, une crise d'angoisse me terrasse. Moi qui ai rendez-vous avec la médecine du travail, ils vont me voir arriver dans un bel état !

La nouvelle remplaçante de l'équipe, Béatrice, est la seule dont j'accepte l'aide. Nous nous entendons bien, le reste des « collègues » m'ont tourné le dos depuis un moment, mes aménagements horaires pour les soins de ma fille contrarient leur quotidien… Béatrice m'accompagne avec beaucoup de gentillesse à la visite, elle m'arrangera pour les autres trajets, je ne dois pas m'inquiéter.

Le médecin du travail qui m'accueille est d'une grande gentillesse. Je lui dis que l'angoisse est revenue sans prévenir, que c'est difficile avec la nouvelle direction, bien moins bienveillante et compréhensive, comme les collègues qui ne comprennent pas ce que c'est que d'avoir un enfant malade. Je lui parle des deux récents décès qui m'ont beaucoup touchée. Le médecin met tout de suite le holà : c'est un burn-out et elle compte obliger ma DRH à respecter mes AJPP. Moi, je ne veux pas d'ennuis avec ma directrice, je crains les conflits, je ne veux pas perdre mon travail.

…

Magali me reçoit comme prévu, au lendemain de cette terrible crise d'angoisse. Elle me fait un arrêt, me refait une ordonnance d'anxiolytique. Moi, je veux retourner à Saint-Didier sans tarder. Elle n'est pas contre, mais elle préfère attendre de voir ma réaction au traitement d'ici quarante-huit heures. Étonnamment, le nouveau médicament est efficace en vingt minutes. Je ne suis pas sûre d'avoir besoin de retourner à Saint-Didier. Mais j'ai besoin d'être au calme, loin de ma DRH qui me met la pression et des collègues malveillantes. Elles ne comprennent pas mon quotidien de maman qui gère seule les soins d'une enfant muco. Elles ont pourtant vu ma grossesse cauchemardesque, ma dépression, mais non, elles ne veulent pas le prendre en compte pour mes aménagements de temps de travail. Ce manque de compréhension m'énerve profondément, mais tant pis, je ne veux plus les croiser ni avoir de contact avec elles. Mon quotidien me prend assez d'énergie pour ne pas avoir la niaque de les affronter. Seule Béatrice qui m'a soutenue le jour de mon craquage, et continue de me soutenir, reste une amie, une vraie. Finalement, c'est encore du pire qu'apparaît du bien, encore une belle rencontre.

8 avril 2022

Voici maintenant quelques mois que je suis en arrêt maladie. Je poursuis mes traitements ainsi que les consultations régulières avec le psychologue et la psychiatre. Cette fois, les angoisses n'auront pas duré. J'en suis soulagée. Il m'a fallu reconstruire ce que j'avais déjà reconstruit lors de mon passage à Saint-Didier, cependant cette fois, c'est plus facile. L'anxiolytique est plus efficace. Je peux me reprendre plus facilement, je connais déjà les mécanismes de la guérison. Mais un burn-out, ça ne se guérit pas en quelques jours non plus. J'apprécie d'avoir le temps d'aller amener et chercher ma fille à la maternelle. Céline, son ATSEM, qui l'a encore cette année, prend bien soin d'elle à l'école. J'en suis heureuse, je sais que ma fille est bien en classe et qu'elle a une maman plus disponible. Les heures où je suis seule sont pour moi et ma reconstruction.

Je commence à m'intéresser à ce que peuvent vivre d'autres malades de la muco. Sur les réseaux sociaux, je suis le groupe Parents entre muco. Je découvre que nos petits malades sont surnommés « les petits guerriers », je ne sais que trop pourquoi. Il leur faut tant de courage… Malgré tout, je sélectionne les parutions, je ne lis que les positives. Je ne veux pas savoir le pire. Je commence à accepter de partager mon expérience, je me dis que ça peut servir aux autres. Je découvre en passant que d'autres familles ont décidé de quitter le centre de Marseille, que d'autres répondent s'y sentir bien et y trouver de bons soins. C'est fort possible, la pneumologue était une spécialiste reconnue et efficace. Je me dis que, dans mon cas, il s'agit d'une incompatibilité de personnalité avec elle. Mais n'est-ce pas important de se sentir en confiance avec le médecin qui soigne son enfant malade ?

De fil en aiguille, je suis deux associations : Grégory Lemarchal et Vaincre la Mucoviscidose. Cette dernière annonce le début d'un défi lancé partout dans le pays. Pourquoi ne pas le relever ? Je suis en arrêt, je suis motivée. Move for Muco propose de parcourir trente-quatre kilomètres en trente-quatre jours. C'est un nombre symbolique, il représente l'âge moyen d'espérance de vie des malades, à l'heure actuelle. La distance peut se faire selon tous les moyens que l'on veut, tant qu'on bouge son corps.

11 mai 2022

Avec ma pépette, nous avons réalisé le défi ! Du vélo, de la marche dans un parc de jeux, une rando aux Ocres de Roussillon, du bowling, du skate, du patin à roulettes, de la patinoire… Le covid que nous avons attrapé ne nous a pas ralenties, nous avons joué à la marelle en bas de l'immeuble. Chaque étape a été notée dans le carnet de bord de la plateforme, on y a rajouté des photos et une cagnotte pour l'association. Nos proches nous ont vu avancer, certains ont même fait des dons en ajoutant leurs kilomètres aux nôtres.

Notre défi "Move for Muco"

Entre-temps, je m'étais dit que le maire de la ville pourrait sans doute m'aider à faire connaître ce défi, pour sensibiliser les gens et grossir la collecte. Malheureusement, je n'avais pas réalisé que je m'y prenais trop tard. À quelques jours de l'événement, toutes les parutions municipales étaient lancées… Mais il a été très à l'écoute et m'a proposé un contact avec une journaliste et une association de la ville qui s'appelle C'est pour Toi. Un nom que j'ai déjà entendu. Effectivement, la journaliste est venue nous interviewer à la maison pour rédiger un article sur notre défi.

J'ai aussi appelé le président de l'association C'est pour Toi. Je lui ai dit que Philippe m'avait déjà parlé de leur association, mais qu'à ce moment-là, je n'étais pas prête à parler en public de la vie de ma fille. Les larmes sont montées, je n'ai pas pu les retenir.

C'est encore difficile d'en parler en dehors de mes proches. Il m'a mise à l'aise, il sait tout cela, il m'a raconté son fils handicapé. Son association mène des actions pour récolter des fonds auprès de partenaires, et les reverser à une famille de la ville dont l'enfant est atteint de maladie génétique. Il s'agit de permettre de financer des aménagements à la maison, ou du matériel spécifique, ou encore de réaliser un rêve de l'enfant. Au moment de la récolte, il n'y a pas d'enfant identifié. Les gens donnent pour la cause, pas pour un cas. Éric m'a annoncé qu'il doit rencontrer une dernière famille avant de choisir l'enfant qui sera la figure de l'année.

C'était une belle rencontre, mais je n'y crois pas vraiment. On verra bien. Je réalise que je peux me mobiliser pour participer à la lutte contre la maladie, que May-Lan peut s'investir aussi pour être active dans cette histoire qui lui est imposée. Au final, j'ai récolté cinq cents euros pour l'association Vaincre la Muco, et j'en suis très fière. Encore une fois, je m'étonne moi-même de ce que je suis capable de faire.

Juin 2022

May-Lan est hospitalisée en pneumopédiatrie. Depuis quelque temps, elle fait des poussées de fièvre sans autres symptômes. Le Doliprane ne la soulage pas. Cette fois, la fièvre est vraiment très forte. Comme toujours, l'équipe du CRCM est aux petits soins. L'hôpital m'a installé un lit de camp dans sa chambre pour que je ne quitte pas ma fille. Les médecins veulent analyser ses sécrétions pendant trois jours pour comprendre la raison de cette fièvre. Les mucos sont fragiles, selon la source de cette température anormalement haute, ça pourrait très vite devenir grave. Ma fille n'a pas une forme de muco très glaireuse en général, et là, ses poumons sont clairs. Il est compliqué de la faire cracher.

Un texto inconnu. Céline, l'ATSEM de la maternelle, s'inquiète de l'absence de May-Lan. Elle sait comme je veux être discrète sur la santé de ma fille. Je sais qu'elle est sincère, que ce n'est pas de la curiosité malsaine, alors je lui partage mon inquiétude. May-Lan est heureuse de savoir qu'on pense à elle à l'école.

…

Voilà une semaine que cette fièvre a disparu aussi vite qu'elle était apparue, sans explication. De retour à l'hôpital, nous faisons le bilan. Ces derniers jours, May-Lan a pu retourner un peu à l'école. Cette inquiétude qui traîne me pèse depuis des semaines, j'espère ne pas avoir une mauvaise nouvelle. Mon téléphone sonne, c'est Éric de l'association. Impossible de ne pas lui répondre, je m'excuse auprès des médecins. Éric, toujours prévenant, prend de nos nouvelles. Je lui explique avec des trémolos dans la voix l'inquiétude de ces dernières semaines, et le bilan que nous faisons. « Si ça peut te redonner un peu de baume au cœur, sache que c'est May-Lan qui est l'enfant choisie cette année ! » Je m'effondre en pleurs ! Ça fait tellement de bien d'avoir une bonne nouvelle. En revenant dans le cabinet du médecin, je leur partage ma joie. May-Lan, le personnel médical et moi sommes tout sourire. De leur côté, les médecins m'annoncent que le bilan ne signale rien d'inquiétant. Nous pouvons rester sur notre petit nuage.

Nous ne savons pas ce qui nous attend avec cette association, mais ce sera sans aucun doute une belle aventure.

…

Nous retrouvons Éric qui nous avertit que personne ne connaît l'identité de l'enfant choisi. Il faut garder le secret, même avec nos proches ! Nous serons la surprise de la journée de la solidarité en septembre, et l'idée est d'y inviter le plus de monde possible. Je commence à me dire que cette journée risque bien d'être une surprise pour nous aussi.

Septembre 2022

Quelle superbe journée ! Des animations continuent de récolter de l'argent : tournoi de foot dont la coupe est remise à l'enfant par les vainqueurs, mises aux enchères, stands… Quelques jours avant, nous avons fait connaissance avec les bénévoles, tous bienveillants. Ma mère, mon beau-père, mon père, ma famille lyonnaise, mes amis, presque tout le monde est là pour nous entourer. Ça fait un bien fou de se sentir soutenues par ces proches qui ont fait des kilomètres exprès pour nous.

J'ai préparé vite fait un discours de présentation et de remerciements. Je redoute tellement ce moment, j'angoisse par avance de tous ces regards posés sur moi, de cette exposition publique de la maladie de ma fille : mes proches, un tas d'inconnus, la presse, les photographes, le maire… Mes lèvres tremblent, ma gorge est serrée, je suis coupée. Quelques secondes, le regard bienveillant du public et je peux enfin terminer mon discours. Je découvre la gentillesse d'inconnus venus me dire un mot gentil, touchant, au cœur de cette fête qui nous est dédiée.

La journée est très remplie de rencontres, dont une particulièrement surprenante : un photographe, Jérémy Sinka. Nous l'avons touché, il voudrait nous offrir un shooting photo. Pourquoi pas, même si je suis moyennement à l'aise avec l'idée de poser devant un objectif. May-Lan qui adore prendre la pose est ravie, elle !

Octobre 2022

L'association nous a invitées au collège de la ville, pour présenter May-Lan aux collégiens qui vont courir leur traditionnel cross solidaire C'est pour Toi. Je découvre devant l'établissement un groupe de personnes en costard,

Journée de la solidarité de l'association C'est Pour Toi

il n'y a donc pas que des adolescents... Je ne sais pas trop ce qui nous attend. Éric nous accueille avec un grand sourire : « Prépare-toi, ça va être émouvant ! » Je ne suis pas plus rassurée !

Dans le hall, il y a des centaines d'élèves qui applaudissent et appellent May-Lan. Du haut de ses cinq ans, cette foule qui l'accueille l'impressionne. En allant dans la cour, d'autres élèves souriants et chaleureux nous font une haie d'honneur festive. Quand on pense à tous ces reportages sur le harcèlement et qu'on voit tous ces ados hyper gentils et investis pour une inconnue, c'est juste incroyable ! Éric m'a fait présenter May-Lan, comme ça, en improvisant ! Une nouvelle épreuve que je réussis tant bien que mal à surmonter... Un groupe de jeunes filles est venu nous faire danser. Je n'en crois pas mes yeux, elles lui offrent des jouets, des bracelets, un t-shirt dédicacé, tout ce qu'elles avaient acheté avec une cagnotte qu'elles avaient mise en place. Ma pépette a bien du mal à réaliser. Moi aussi.

Je n'étais vraiment pas prête à vivre ce genre de moment, surtout à quelques heures d'un entretien professionnel. J'espère que cette fois sera la bonne, j'ai besoin d'un cadre de travail bienveillant. Par contre, c'est la dernière fois que je parlerai de la maladie de ma fille. J'y renonce après ça, car à chaque fois, le sujet rebute les employeurs, même si je passe les tests haut la main et que j'ai de l'expérience… C'est Éric qui m'a conseillé d'en parler, selon lui, je trouverai bien le poste qui me va avec un patron compréhensif. Honnêtement, après les mois de tensions avec ma DRH, ma confiance en moi et en d'éventuels patrons est en berne. Je n'ai plus envie de me prendre encore un refus. Il faut que je travaille. Je suis tellement motivée que j'ai bousculé mon emploi du temps quand ils m'ont appelée, hier en fin de journée, pour me proposer ce rendez-vous. Le parrain de May-Lan a eu la gentillesse de répondre oui du tac au tac quand je lui ai demandé de me la garder le temps de l'entretien. C'est vrai, je leur ai d'abord répondu : « Non, c'est trop juste, je ne suis pas disponible… » Mais, en réfléchissant deux minutes, j'ai réalisé que ce poste me motivait et que je me débrouillerais pour y être, malgré le rendez-vous au collège et la question de faire garder ma fille. Ce poste ne pouvait pas me passer sous le nez, après les trois CV que je leur avais envoyés et ma présentation spontanée au cabinet. Ils savent que je suis surmotivée, autant me démener pour être à cet entretien.

C'est bien la première fois qu'on me demande en entretien quelle est la personnalité publique que j'admire. Je ne réfléchis pas longtemps, c'est une évidence : « Pierre et Laurence Lemarchal ». À leur tête, je comprends qu'ils ne les connaissent pas. Alors j'explique : « Leur fils Grégory était un chanteur, connu grâce à la Star Academy, et il est décédé jeune de la mucoviscidose. Il s'est battu pour son rêve de devenir chanteur, faire connaître cette maladie et faire avancer la recherche. Il voulait que ses parents continuent son combat pour tous les "petits guerriers". Pierre et Laurence Lemarchal auraient pu profiter de la célébrité de leurs fils pour s'enrichir. Au lieu de ça, accompagnés de leur fille Leslie, ils sont restés discrets et se sont investis dans leurs associations pour récolter des fonds et continuer le combat de leur fils. » Mais surtout, surtout, je ne parle pas de May-Lan ni du CRCM refait à neuf et équipé avec du matériel de pointe qu'ils ont financé. J'ai beaucoup de mal à cacher mes larmes. Après cette matinée émouvante au collège, l'émotion est restée forte. L'entretien s'est bien passé, je me demande si je prends le risque de perdre ma chance en disant la vérité de ma situation. Avant de partir, ils me demandent si j'ai quelque chose à rajouter. J'hésite encore. Ils ont été honnêtes avec moi sur les conditions de travail proposées, ils m'inspirent confiance, alors je joue le jeu de la sincérité. « Oui, mais je ne voudrais pas que ça me porte tort, comme lors d'autres entretiens. Vous avez été honnêtes alors je vais l'être aussi. Si je vous ai parlé de Pierre et Laurence Lemarchal, c'est parce que j'ai une petite fille qui a la mucoviscidose. C'est une maladie que je connais trop bien… Je suis obligée de travailler à temps partiel et à me rendre régulièrement à des rendez-vous. » Le barrage cède, je me mets à pleurer. Ces deux inconnus qui cherchent une secrétaire de confiance me tendent une boîte de mouchoirs et je me mets à rire, bêtement : « Je suis désolée de me montrer ainsi en entretien. Vous allez me prendre pour quelqu'un d'inapte… » Étonnamment, ils s'offusquent de ce que je viens de dire : « Non seulement vous êtes expérimentée et sérieuse, mais en plus vous vous démenez pour travailler malgré votre situation. On sait bien l'organisation que vous demande cette maladie, et la bienveillance qu'il faut pour être aidante. Ce sont deux gros atouts qui jouent en votre faveur pour ce genre de poste. » Je ne sais pas si je dois y croire, mais au moins j'ai rencontré des employeurs compréhensifs. Je pensais que mon ancien patron qui m'avait tellement aidée pendant ma grossesse et ma dépression était le seul de cette espèce.

…

Jérémy Sinka, encore une belle rencontre, nous reçoit dans son studio photo pour réaliser le shooting qu'il nous offre. C'est un moment inoubliable. Il est très professionnel ; avec son assistante, ils s'adaptent aux tenues qu'on a apportées. May-Lan est très à l'aise pour jouer le jeu, moi je ne le suis pas autant. Après trois heures de cette séance, Jérémy m'annonce qu'il fera un montage. Sur quelle musique j'aimerais voir ces photos de ma fille et moi ? Je n'hésite pas une seconde : « Je serai là » de Teri Moïse. C'est devenu notre chanson.

…

J'attendais avec impatience le résultat de cette séance photo. Et je ne regrette pas d'avoir accepté sa proposition. Les photos de nous sur cette musique, ce montage… Je fonds en larmes, c'est si beau ! Un point culminant après un parcours chaotique…

22 octobre 2022

C'est la grande soirée de remerciements des partenaires, dans la salle des fêtes municipale que le maire met à disposition de l'association. Je dois à priori parler en public, encore une fois. Mon discours, je l'ai écrit rapidement hier soir au fil de l'inspiration qui me venait, mais sans trop réfléchir. J'ai demandé à Éric de projeter le montage des photos de Jérémy. Lui qui est carré et qui chronomètre toute sa soirée, il a d'abord hésité, mais en le regardant, il a craqué. C'est trop émouvant.

J'avoue que je me sentirai mieux après ce discours… Vivement que ce soit passé. Il faut attendre que tous les invités soient arrivés et installés. Ce n'est que le début de la

Notre shooting photo,
ma fille si à l'aise avec l'objectif de Jérémy Sinka

soirée et pourtant je trouve que c'est tellement long d'attendre.

Je suis aux côtés d'Éric qui prend la parole le premier pour le discours officiel de remerciements. Des bénévoles arrivent avec un énorme carton, le chèque symbolique de la récolte de l'année. Je n'en reviens pas de la somme. Je ne m'attendais pas à ça. Une première partie avait déjà servi pour le voyage à Lourdes qu'elle doit faire demain avec sa jaya et son jayou. Je ne peux même pas ouvrir la bouche pour dire quoi que ce soit. Un adjoint au maire comble mon silence.

Je peux enfin lire ce texte que j'ai écrit trop vite pour penser à tous ceux qui méritaient mon merci. J'avais bien pensé aux proches venus ce soir, mais tous ceux qui n'ont pas pu faire le déplacement une deuxième fois, je les ai oubliés. Je suis portée par l'émotion du moment, je n'arrive pas vraiment à réfléchir à ce que je veux dire. Il est évident pourtant que dans mon cœur je remercie toute ma famille et mes amis, même absents, ce soir.

La grande soirée des partenaires de l'association

Discours pour la soirée des partenaires,
(écrit la veille, d'un seul trait, prise dans l'inspiration)

Le jour où tu es venue dans ce monde, ce fameux 5 février 2017, où tu as pointé le bout de ton nez du haut de tes un kilo huit et quarante centimètres, j'ai compris que ma vie allait changer pour toujours.

Nous avons eu des débuts compliqués où je n'ai pas toujours su gérer. Mais j'ai décidé de me faire aider, pour toi, pour nous, et depuis nous avons créer une grande complicité.

À l'annonce de ta maladie, je me suis renfermée. Pourquoi toi ? Pourquoi nous ?
Je nous ai mises dans une bulle en me disant que personne ne pouvait comprendre... À quoi ça sert d'étaler sa vie privée ?

Puis une personne est entrée dans notre vie, Mr Eric Murzilli, qui sans me connaître, a su trouver les bons mots pour me sortir de cette bulle dans laquelle je pensais être bien. Depuis, nous avons vécu des moments inoubliables, et je me rends compte de mon erreur de me mettre en retrait.
En effet, toutes ces personnes qui étaient là le 10 septembre, puis à la haie d'honneur au collège Diderot avec plus de sept-cent-cinquante élèves, ce merveilleux shooting photo qui nous a été offert par Jérémy et cette soirée, ce soir avec vous...

Cette expérience auprès de l'association « C'est Pour Toi » m'aura servi de leçon ! Une belle leçon de vie où il existe encore de la solidarité, de la bienveillance.

Aujourd'hui, ma fille, je suis fière de la façon incroyable dont tu grandis, même à un si jeune âge, tu es déjà pleine de gentillesse, d'empathie et de courage.

Je suis sûre que tu vas accomplir de belles choses dans ta vie, ne laisse jamais les échecs, les doutes et les insécurités t'empêcher de réaliser tes rêves. N'oublie jamais que je serai là à chaque étape de ta vie. Ton combat est devenu le mien et je rendrai ta vie plus belle chaque jour. Je t'aime plus que ma vie et plus haut que les étoiles, et tu verras on finira par la vaincre cette « muco machin truc » comme on l'appelle chez nous !

Je vais finir par remercier quelques personnes qui ont été d'un soutien inconditionnel...

Tout d'abord, merci à ma petite sœur Lolita, merci de venir me réconforter même quand je t'appelle un samedi soir à 22 heures et que tu es en soirée.

Merci à mon papa de cœur Patrick de ne pas hésiter une seconde à venir à la maison s'occuper de May-Lan et de moi quand j'ai besoin d'un relai.

Merci à mes amis de m'écouter me plaindre et pleurer quand j'en ai marre, et merci à mon chéri de nous soutenir dans ce combat.

Merci à tous les partenaires, à toutes les personnes présentes ce soir, à celles qui l'ont été le 10 septembre et à tous les élèves qui ont participé au cross solidaire !

Et le plus grand des mercis sera pour l'association « C'est Pour Toi » et tous ses bénévoles qui m'ont permis aujourd'hui de pouvoir réussir à m'ouvrir un peu plus et de m'avoir fait comprendre qu'ensemble on est plus fort. Vous avez certainement changé ma vie et celle de ma fille, ainsi que la façon que j'avais d'appréhender la maladie.

Merci à tous et place à la fête !

Décembre 2022

Je n'ai pas lâché l'affaire, j'ai osé envoyer un message pour avoir une réponse à mon entretien. « Nous sommes bien désolés, nous sommes débordés par l'ouverture du cabinet, mais si vous êtes toujours intéressée, c'est pour vous ! » Incroyable ! Étrangement, encore une fois, les bonnes nouvelles ne viennent pas seules... Ma grand-mère est au plus mal, ses jours sont comptés. J'ai la sensation de ne jamais pouvoir me réjouir complètement.

...

Je suis si triste que ma grand-mère nous ait quittés. Je suis triste, profondément. Mais cette fois, quelque part c'est dans « l'ordre des choses ». Elle a eu une longue vie, bien remplie et a bien profité de nous tous. Ça me fait réaliser la violence de la disparition d'Alexandra, jeune et heureuse d'être trois fois maman, d'avoir un nouveau bébé.
Je m'attelle à soutenir mon grand-père dont je partage la peine. J'accepte d'écrire un discours pour les funérailles, même si je sais que l'émotion risque de me bloquer au moment de le lire. Je lui dois bien cela, elle me manque.

Avril 2023

Je suis au travail, sur la fin de ma période d'essai. Tout se passe bien, j'ai franchement bien fait de changer de boulot. Mes employeurs me redonnent confiance. Vendredi, le rendez-vous au CRCM s'est bien passé, malgré sa toux plus forte qu'à l'habitude. Bientôt, elle pourra débuter la trithérapie, mais il n'y a rien d'urgent. Je dois prendre le temps d'y réfléchir, car ce n'est pas un traitement très connu. Cette nouvelle vie prend une forme bien agréable : des patrons bienveillants, ma fille va bien…

Mon téléphone sonne, c'est le CRCM, le genre d'appel que je n'ignore jamais. Je prends cinq minutes en m'isolant. « Bonjour, c'est le CRCM. Vous avez cinq minutes ? » Il est onze heures et quart, je termine à midi, mais je peux prendre cinq minutes pour eux. « Non, rappelez-nous quand vous aurez fini, il nous faudra cinq vraies bonnes minutes. » J'ai du mal à comprendre et crains la mauvaise nouvelle : « Mais il y a un problème ? » Un blanc. « Non, mais rappelez-nous… »

J'ai travaillé encore une demi-heure, mais je ne tiens plus et demande à quitter mon poste un quart d'heure en avance. Mes employeurs ont compris que ce genre d'appel est sérieux.

« On a analysé son crachat. May-Lan a attrapé un pyo*, c'est grave. Il faut qu'on la voie. » Je leur avais bien dit que la toux était anormale. Je l'estimais à six ou sept sur dix, alors qu'habituellement elle est entre zéro et deux. La kiné avait été étonnée. Comme quoi, je la connais, ma fille… Vendredi, ils nous ont dit que tout allait bien, nous sommes mardi et rien ne va plus ? Comment est-ce possible ?

« Venez demain, nous allons discuter des traitements possibles. » Dans ma tête, j'essaie de gérer une avalanche de questions. Quelle gravité ? Quels traitements ? Comment m'absenter en période d'essai ? Va-t-elle rater l'école longtemps ? Vais-je perdre mon travail ? Vais-je perdre ma fille ?...

Je récupère May-Lan à l'école, elle a l'air enrhumée mais bien. Comme toujours, elle est ravie de sa journée d'école. Je dis à May-Lan d'aller lire des livres et demande à voir son instituteur, qui est aussi le directeur. Je lui explique la situation et mon inquiétude par rapport à sa scolarité. Là encore, j'ai en face de moi quelqu'un de compréhensif : « Ne vous inquiétez pas, la santé de votre fille passe avant tout. Nous trouverons des solutions quand vous aurez toutes les informations sur son traitement. »

---

* Pseudomonas aeruginosa, bactérie à l'origine d'infections aiguës ou chroniques, parfois graves et mortelles. Elle sévit particulièrement en milieu hospitalier et expose les patients présentant un faible système immunitaire.

L'équipe du CRCM se montre toujours autant à l'écoute. Elle propose des protocoles de traitements et je leur explique les difficultés que je vais avoir à gérer. Les médecins estiment que c'est le moment de rentrer aussi dans la trithérapie. Nous réfléchissons ensemble à la meilleure solution pour soigner ma fille tout en impactant le moins possible notre quotidien. Au final, nous tombons d'accord : elle aura des aérosols d'antibios, matin et soir, en plus de son aérosol quotidien pendant trois semaines. Elle pourra ainsi continuer à aller à l'école et venir à nos retrouvailles familiales. Ensuite, elle passera au bloc pour une pose de PICC Line permettant trois injections d'antibios quotidiennes pendant deux semaines en HÀD*. Les infirmières passeront six fois par jour pour poser et enlever les perfusions d'antibios. J'espère que c'est compatible avec la scolarité, au moins le matin quand je travaille. L'équipe refuse. Je leur explique à quel point c'est difficile de trouver un travail dans ma situation, que je crains vraiment de le perdre en devant rester à la maison et que le directeur de l'école accepte d'accueillir ma fille avec son PICC Line. Je ne suis pas bien, ça doit se voir, car les médecins grimacent, et décident d'appeler le directeur d'école pour être certains qu'il comprenne bien l'importance de la responsabilité qu'il endosserait. Devant l'engagement de ce maître d'école confiant, les médecins acceptent du bout des lèvres et m'avertissent qu'il va falloir être très vigilante.

* hospitalisation à domicile

…

J'annonce à mon travail que tout est géré pour soigner ma fille : aérosols et PICC Line. Ils en déduisent qu'elle n'ira pas à l'école, mais je leur assure que ce sera faisable. Le directeur s'est engagé à veiller sur elle. J'explique bien que je ne veux pas perdre mon poste. Ils sont estomaqués. « Qui a dit que vous alliez perdre votre place ? Nous avons des enfants et, pas une minute, nous ne les laisserions prendre le risque de se blesser avec un PICC Line à l'école. On ne le ferait pas pour nos enfants, on ne peut pas vous le demander pour la vôtre ! Alors vous prenez le temps qu'il faut pour qu'elle guérisse, ne vous inquiétez pas pour votre travail ! » Il y a des jours comme ça où j'ai du mal à réaliser la chance que j'ai d'avoir de telles personnes dans ma vie. Après mon conflit avec la DRH de mon ancien poste, je ne pensais pas que ce soit possible. Je fais mon travail sérieusement, les patients sont contents de moi, mes employeurs aussi, ils me font confiance quand j'ai besoin de m'occuper de ma fille.

…

La prise en charge de ma fille ne traîne pas. Je n'ai pas eu beaucoup de temps pour réfléchir à la trithérapie pour laquelle le CRCM insiste maintenant. Certes, c'est un espoir fou. Avec ce traitement, je n'aurai plus besoin de lui faire manger de la charcuterie et du fromage à tout va pour compenser la mauvaise assimilation du gras et la prise de poids difficile. May-Lan pourra même avoir des enfants, car la trithérapie soigne l'hypofertilité des malades de la muco. Même si elle sera toujours sous surveillance pendant sa grossesse, elle pourra devenir mère. Certains malades ont même récupéré leur capacité respiratoire et n'ont plus eu besoin de greffe ! Le kiné qui soigne ma fille lors de nos passages à Lyon en atteste, la récupération est impressionnante. Il en suit beaucoup et voit clairement les bénéfices. J'ai tendance à lui faire confiance, car il est le seul kiné pour qui May-Lan n'est pas son premier patient muco, au contraire de tous les autres kinés qui la suivent. Oui, un espoir fou que nos petits mucos puissent gagner de plus en plus d'espérance de vie et surtout d'une meilleure qualité. Mais le recul sur les effets n'est pas très ancien. Ne découvrira-t-on pas qu'on leur aura fait plus de mal que de bien ? Il y a aussi les effets secondaires connus qui me posent question : forts maux de ventre, forts maux de tête, cela vaut-il la peine de prendre le risque de la faire souffrir pour aller mieux ? Ce grand doute, cette responsabilité de devoir choisir quelque part de prendre un risque pour un pire ou un mieux, ronge mon cerveau, pèse sur mon moral. Prendre cette décision est déjà une prise de tête avec moi-même, mais la prendre à deux, avec le papa dont je suis séparée, ça ne simplifie pas l'affaire. Ce n'est simple pour personne.

...

À force de me renseigner, j'en parle à la pharmacienne qui aura éventuellement à charge de me fournir ce traitement. Elle le connaît mal et cherche devant moi dans sa documentation spécialisée. Elle commente : « Certes, peut-être que dans vingt ans on se rendra compte de certains effets inconnus aujourd'hui. Mais si ce traitement offre vingt ans de bonnes conditions de vie au lieu de vingt ans de quotidien lourd, cela n'en vaut-il pas la peine ? » Effectivement, vu comme ça…

Le rendez-vous du CRCM qui est reporté empire mon stress.

…

Me voilà enfin au CRCM et toute ma tension explose, je fonds en larmes. L'équipe médicale fait sortir May-Lan et l'emmène jouer ailleurs. Les médecins étonnés me demandent la raison de ces pleurs, je peux enfin poser ma question : « Cette trithérapie risque-t-elle de détruire ma fille ? J'ai tellement peur de prendre la mauvaise décision… ». Les visages sont atterrés : « Vous n'auriez pas dû rester si longtemps avec ce doute ! Il fallait nous appeler ! Vraiment, il ne faut pas que vous gardiez le moindre doute de ce genre pour vous. Nous sommes là pour répondre à vos questions. » Quelle chance d'être entourée par une telle équipe ! Moi qui avais attendu sagement ce rendez-vous, par peur de les déranger avec mes inquiétudes dans leur planning chargé, je sens aujourd'hui à quel point ce service est attentif au bien-être de la famille, autant qu'à celui du malade. Vraiment, nous avons de la chance de rencontrer de belles personnes sur notre chemin…

Après cinq semaines d'antibios par aérosols et par injections, May-Lan peut enfin se faire enlever son PICC Line qui la gêne. Elle ne le supporte plus, je fais le décompte des dodos avant la libération depuis quelques jours déjà. Personne, à la voir ces dernières semaines, ne pouvait croire qu'elle luttait contre une bactérie. Elle a gardé la forme et le sourire… À tel point qu'elle a pu aller à l'école, une heure de temps à autre, pour garder le contact avec ses copains et couper l'isolement de ces journées toutes répétitives.

De mon côté, la savoir avec un pyo, ça n'a pas été anodin, ça m'a minée. Ma fille est ultracourageuse, elle ne pleure jamais. Souvent, c'est moi qui craque. Je n'arrête pas de lui dire qu'elle a le droit de pleurer, qu'elle subit des examens pénibles… Mais non, elle ne pleure jamais. Elle n'a jamais mal, quand un médecin la pique, elle rigole. En même temps, quand elle était petite, pour ses prises de sang, je lui disais que moi aussi j'étais souvent à l'hôpital et que j'avais appris à aimer les piqûres, peut-être que ça vient de là. Moi, ces cinq semaines de traitement et d'inquiétude m'ont fatiguée. Pourtant, je devais trouver la force de garder le sourire et l'énergie pour occuper ses journées, pendant lesquelles elle tournait en rond à la maison. Nous voilà donc enfin dans le service du CRCM, prêtes à tourner la page, prête à enlever ce PICC Line. Elle tousse toujours, je le signale aux médecins, ça n'a pas changé malgré le traitement lourd qu'elle a eu. De manière générale, je suis moins inquiète que les médecins devant ses symptômes. J'arrive à reconnaître quand ils sont anormaux. Cette toux, je ne la trouve pas inquiétante en soi. Le bruit qu'elle fait et l'absence de mucosité ne montrent pas un état de crise, mais du fait qu'elle traîne depuis un moment, dans le doute, je préfère en parler pendant l'auscultation d'arrivée.

Nous sommes arrivées à neuf heures, il est treize heures et j'attends je ne sais quoi. Le pneumologue m'annonce qu'ils ont trouvé un staphylocoque dans ses analyses, ce qui expliquerait cette toux persistante. Il n'est pas sûr finalement d'enlever le PICC Line, il est d'avis de le laisser pour continuer les perfusions une semaine supplémentaire. Il va falloir qu'ils expliquent ça à ma pépette qui ne supporte plus ce « picc-picc », comme elle l'appelle ! Je suis découragée à l'idée de devoir tout reprogrammer avec les infirmières, on va perdre du temps. Peut-être serait-il plus simple de repasser sur les aérosols ? « Oui, mais si ça ne fonctionne pas, il faudra repasser aux injections et lui remettre le PICC Line… » Ce que je veux, c'est le mieux pour ma fille, je me plierai à l'avis de l'équipe. Mais ma petite guerrière endure déjà tellement que je dois envisager toutes les autres solutions pour la soulager. Le chef de service est appelé pour nous aider à trancher. En discutant tous ensemble des avantages et des risques, de ce ras-le-bol sincère de May-Lan, de son isolement, on décide de le lui enlever et de revenir à des cures d'aérosols quotidiennes, un mois sur deux pendant six mois pour ne pas trop solliciter les reins. Elle pourra profiter de l'été, de la rentrée, de ses copines, de son amoureux. Une vie de petite fille de six ans, en fait !

C'est aussi l'occasion d'entamer la trithérapie ; elle sera ainsi mieux protégée. Nous rentrons toutes les deux le cœur léger de pouvoir reprendre une vie presque normale.

…

Ces trois premières semaines de trithérapie avaient pourtant bien commencé. Mais depuis quelques jours, ma fille se plaint de forts maux de ventre, un des effets secondaires connus. Ce traitement lui fait-il plus de mal que de bien ? Ai-je fait une erreur d'accepter ? Je prends sur moi, mais je sais que si elle se plaint, ce doit être vraiment douloureux, car elle n'est pas douillette pour un sou. J'en parle donc à la visite de surveillance. Les médecins du CRCM ne semblent pas relever l'information, cela ne semble pas les inquiéter… Je dois sans doute leur faire confiance, et me dire que le corps a besoin de temps pour s'habituer.

…

La tension monte en moi, chaque jour un peu plus. Cela vaut-il la peine de la faire souffrir ainsi pour le reste de sa vie, si les douleurs ne disparaissent pas ? Vivement le prochain rendez-vous pour faire le point et… peut-être arrêter ce nouveau traitement ?

…

Notre persévérance porte ses fruits, les médecins avaient raison de ne pas s'inquiéter. May-Lan tolère de mieux en mieux la trithérapie et moi, je me détends.
Une autre bonne nouvelle vient nous rassurer : les antibiotiques font reculer le pyo peu à peu. Nous commençons donc à préparer notre prochain voyage, sous l'œil vigilant du CRCM.
École, copines, jeux… Je regarde ma fille profiter de chaque jour, fière et émerveillée de ce chemin parcouru, en rêvant aux îles paradisiaques qui lui feront briller les yeux, encore une fois.

AUJOURD'HUI

Ce que j'aimerais vous dire

Chers lecteurs et lectrices,

J'ai décidé d'écrire ce livre tout d'abord pour May-Lan, pour qu'elle sache ce que nous avons traversé, ce long chemin parcouru depuis qu'elle s'est nichée en moi, et qui nous a menées à cette complicité incroyable que nous partageons. Je n'en aurais pas imaginé le centième le jour où j'ai appris que j'étais enceinte... J'en suis tellement heureuse aujourd'hui. J'espère, par-dessus tout, qu'elle comprendra que rien n'est de sa faute. La vie est ainsi faite d'épreuves qui nous tombent dessus sans qu'on les choisisse et que nous surmontons au mieux.

Mais aussi, je tenais à témoigner, à vous lecteurs, proches ou inconnus, de ce que j'ai compris et appris après être sortie du brouillard de la dépression. Il me tient à cœur de partager avec vous ce qui m'a révoltée et qui me révolte encore. Je ne dois pas être la seule à être passée par là et si mon histoire permet de changer le regard du corps médical et de l'entourage des malades, améliorer les prises en charge et donner de l'espoir à ceux qui en ont besoin, j'en serais la plus heureuse.

Je voudrais d'abord dénoncer le suivi défaillant de certains médecins qui m'ont laissé errer, malade et dépressive, pendant sept mois et demi de grossesse.

Partout, on présente la grossesse comme une période

d'épanouissement, de joie, de magie. On accorde qu'il y ait un peu de fatigue et de nausées, mais rien qui ne devrait entacher le bonheur de la future maman. « T'es enceinte, t'es pas malade ! » Eh bien si !

Ce mal qui m'a mise à terre et que certains médecins n'ont pas entendu, c'est en regardant un témoignage de gynécologue à la télévision il y a peu de temps que j'ai pu mettre un nom dessus. Évidemment, je ne suis pas médecin pour poser un diagnostic, mais en me renseignant sur cette maladie*, je me suis rendu compte que je cochais toutes les cases, jusqu'à la prise exceptionnelle de Zophren. Il est trop tard pour que le diagnostic soit posé, malheureusement. Pour autant, j'ai subi les symptômes et les effets secondaires de cette maladie qui mérite d'être mieux considérée. J'utilise le terme de maladie, mais elle n'est pas encore ainsi catégorisée par le monde médical.

Peu connu du grand public, ce syndrome s'appelle l'hyperémèse gravidique. Qui connaît ce nom ? Trop peu de personnes ! L'affaiblissement extrême et le quotidien infernal qu'elle engendre sont visiblement mal compris dans l'entourage et même par certains personnels médicaux. L'épuisement qu'elle m'a provoqué n'a pas aidé à accepter cette grossesse que je n'avais pas prévue si rapide. Comment l'accepter, comment se réjouir quand toute la journée, pendant des semaines, dimanches et jours fériés compris, on ressent comme un insupportable mal de mer,

* https://www.associationhg.fr/

quand on voit plus souvent la cuvette des toilettes que ses copines ? Comment ne pas perdre pied quand on s'isole peu à peu, par fatigue, par crainte de vomir à tout moment, pour éviter ces regards qui ne comprennent pas qu'on ne soit pas aux anges de porter la vie ? Peut-être pensez-vous que cette hyperémèse a un rapport avec ma peur de devenir mère ? Des études scientifiques montrent pourtant dans leur panel d'enquête autant de cas de grossesses désirées que de grossesses inattendues. Ce n'est pas psychosomatique.

Moins de 3 % des femmes enceintes sont touchées par l'hyperémèse gravidique, à différents degrés. La plus célèbre d'entre nous, Kate Middleton, a commencé à faire parler de ce mal dans les médias lors de son hospitalisation pour sa première grossesse, et les suivantes. Plus récemment, dans le Guardian du 2 avril 2022*, Kate Womersley témoigne de sa propre expérience de médecin enceinte et malade, incomprise par ses collègues. Elle en a fait l'objet de ses recherches et partage sa découverte des travaux du docteur Fejzo, médecin américain victime elle aussi de ce mal au début des années 2000. « Le problème est dans leur tête » restant la réponse le plus souvent admise par le corps médical institutionnel, elle a pu mener ses recherches grâce à un laboratoire indépendant. Voulant d'abord explorer le lien entre taux de bêta HCG et fréquence de nausées, les

* https://www.theguardian.com/lifeandstyle/2022/apr/02/why-are-women-who-suffer-extreme-sickness-in-pregnancy-told-it-is-all-in-their-heads

résultats ne furent pas concluants. Par contre, son étude révèle un lien entre l'hormone GDF15 présente dans le placenta et la perte de poids et de muscle. Elle fait le parallèle avec cette situation identique chez les patients en chimiothérapie. Avec des symptômes similaires, ce médecin révèle que les taux de GDF15 chez les malades de l'hyperémèse gravidique sont jusqu'à trois fois supérieurs à ceux mesurés chez des patients cancéreux. Une deuxième étude associe le rôle du gène ICFBP7, ajouté au premier, ils commandent ensemble au placenta de produire en grande quantité ces protéines provoquant les symptômes extrêmes que nous avons décrits. Ce facteur génétique expliquerait le phénomène héréditaire qui semble être commun. Je sais qu'il y a eu un cas bien avant moi, dans ma famille.

Ce médecin offre donc un nouvel éclairage sur ces nausées considérées comme classiques mais intenses. Comment peut-on encore, après ça, percevoir ces femmes enceintes comme hystériques, exagérantes, refoulant le refus de ce bébé ?

Cette même année 2022 à Montpellier, la thèse de médecine de Mme Mariam El Amraoui*, elle aussi atteinte par ce mal, pointe encore le manque d'études et de prise en charge de cette maladie, tant au niveau médical que psychologique. Rarement considérée à sa juste gravité, elle peut pourtant provoquer l'éclatement des tympans, des saignements de l'œsophage, une déshydratation critique, de

* https://dumas.ccsd.cnrs.fr/dumas-0401 3476v1

graves carences en vitamines, l'apparition d'acétone dans les urines…

Cette thèse présente l'histoire de sa prise en charge depuis le milieu du XIXe siècle, époque où l'on enfermait ces futures mères malades dans des chambres isolées et sombres. Quand les hôpitaux ont commencé à les perfuser au milieu du XXe siècle, le nombre de décès a chuté. Mais jusque-là, beaucoup d'entre elles y laissaient leur vie.

Actuellement, 9 à 15 % de ces malades* demandent ou subissent une interruption médicale de grossesse pour sauver leur santé, même si l'enfant était profondément désiré.

Les statistiques menées par Mme El Amraoui révèlent encore un nombre important de troubles psychiques associés : stress, anxiété, dépression. Certes, la maman est fortement touchée, mais le bébé est aussi impacté. Les contractions abdominales très fréquentes entraînent des contractions utérines dès les premières semaines de grossesse. Le fœtus développe dans la majorité des cas un retard de croissance. Les recherches montrent aussi de forts risques de troubles de développements neuronaux.

Il ne s'agit donc pas que de soulager les mamans de « bobos de grossesse », il s'agit de sauver des vies physiologiques et psychiques, et de permettre à ces enfants

* Publication de 2007, réalisée par Borzouyeh Poursharif, Lisa M. Korst, Kimber W. MacGibbon, Marlena S. Fejzo, Roberto Romeroc, et T. Murphy Goodwina
1 5 % IVG, parfois pour plusieurs grossesses

de grandir dans de bonnes conditions.

Si seulement on m'avait expliqué que ce que je subissais était une maladie, qu'elle avait un nom, je n'aurais sans doute pas vécu ces mois d'enfer en pensant que je perdais le contrôle de mon corps et de mon esprit sans raison, sauf peut-être la folie ou un mauvais sort. Mettre un nom sur ce mal m'aurait sans doute aidé à passer ces semaines un peu plus sereinement. Je ne garderais sans doute pas ces souvenirs terribles de médecins ou de sages-femmes me répondant avec un air désolé, mais exaspéré, sans même jeter un coup d'œil sur ma courbe de poids stagnante : « C'est normal quand on est enceinte, ça va passer, soyez patiente ». Je ne ressentirais pas cette colère en repensant à ce médecin gynécologue me mettant dehors, pieds nus, en pyjama, sous la pluie, en me grondant : « On ne peut rien pour vous ! ». « Oui, c'est une maladie rare, on ne peut pas vous dire si les symptômes dureront jusqu'à l'accouchement, parfois ils disparaissent avant, mais nous surveillerons de près votre état de santé, vous viendrez régulièrement vous faire perfuser et il faudra ralentir le rythme de travail pour tenir » aurait été un discours plus constructif que le silence, ou l'exaspération.

C'est vrai, à l'heure actuelle, le traitement de l'hyperémèse gravidique n'est pas miraculeux, à part les perfusions régulières et quelques antivomitifs très puissants, rien n'est vraiment efficace, mais j'espère sincèrement que cette nouvelle découverte anglaise permettra de mieux prendre en charge ces futures mamans. Pour le moment, je peux juste souhaiter que cette maladie soit mieux connue, et reconnue par les médecins et le grand public, qu'à défaut de traitement, elles ne subissent plus l'isolement psychique.

Je ne saurai jamais si mes crises d'angoisses ont été empirées, déclenchées ou sans rapport avec cette hyperémèse ou même avec le décès de ma cousine. Tout est arrivé en peu de temps. Mais une chose est sûre, c'est que l'association des trois est un enfer. Manque de chance ? Pourquoi aucun médecin ne m'a prescrit d'anxiolytique avant le septième mois ? Ça n'a pas été faute de leur expliquer à quel point ces angoisses me terrassaient. Le domaine de la psychologie et de la psychiatrie, je ne le connaissais pas. J'aurais tellement eu besoin qu'un médecin reconnaisse que j'avais besoin d'une aide spécifique, d'être orientée au CMP ou à l'UPB, tellement plus tôt, pour que l'angoisse ne s'installe pas et que ma mauvaise image de moi-même ne s'inscrive pas si solidement. Découvrir qu'un traitement était possible aussi tard dans ma grossesse m'a à la fois donné de l'espoir et mise en colère de tout ce temps perdu. Tous ces mois où l'on aurait pu m'aider à mieux vivre ma grossesse, mon quotidien, soulager mon compagnon. Quel gâchis ! Et pour couronner cette prise en charge tardive et jusque-là défaillante, ils m'ont oubliée. Ce traitement qui m'aurait permis de reprendre les rênes de ma vie ne m'est jamais parvenu. N'est-ce pas inhumain de faire entrevoir l'espoir à quelqu'un au fond du trou, pour l'y laisser sans nouvelles ? Comment ne pas être en colère et vomir sa colère sur le médecin qui vient comme une fleur après l'accouchement ? C'est là ma plus grande colère, parce que cet abandon médical dans lequel on m'a laissée pendant mes mois de grossesse, aucune future mère ne devrait le vivre.

Me voir dans cet état anxieux pendant ces longs mois ne m'a pas aidée à construire une image de maman sereine. Un traitement, une aide pour être soulagée de ces crises, retrouver une normalité, m'aurait sans aucun doute permis de démarrer une relation plus maternelle avec ma fille. Je suis en colère que les médecins rencontrés ne l'aient pas entendu bien plus tôt. Il ne s'agit pas uniquement de soigner une femme, mais une parentalité en projection, l'accueil d'un bébé à naître et l'attachement dont il aura besoin. Il n'est pas possible de laisser une future mère si mal en point.

Déjà, quand j'expliquais aux médecins que j'avais perdu ma cousine qui venait d'accoucher, aucun n'a semblé réaliser l'horreur que ce pouvait être pour une future mère que de vivre un deuil si violent tout en portant la vie. La terreur, la colère, la culpabilité instillées dans mon cerveau n'ont pas inquiété le personnel médical rencontré. Non, une future mère ne devrait qu'être joie et paix…

Ignorer mes symptômes d'hyperémèse, ignorer mon état dépressif, ignorer ce deuil si soudain, si violent, si injuste, tout cela m'a laissé la sensation qu'enceinte, seul le développement du bébé compte. La future mère doit se contenter de le porter en souriant, en mettant de côté ses souffrances. Et pourtant, nous sommes deux dans l'histoire. Une future maman qui perd pied écrit-elle un début d'histoire heureuse ? Lui offre-t-on une chance de tisser un lien serein en lui disant de se taire et de garder ses états d'âme ? Je tiens tout de même à remercier ceux et celles qui, lors des heures d'attentes et après la naissance de May-Lan, ont su écouter mon désespoir et me soutenir.

Ma seconde révolte concerne le soutien, l'accompagnement, l'accueil des parents d'enfants malades. J'aimerais tant qu'elle sensibilise les spécialistes et le monde médical qui ont tendance à partir de l'idée que les parents de leurs petits malades sont mentalement équipés pour encaisser l'annonce et la gestion de la maladie. Mais en fait, non ! Même une personne « équilibrée » est bouleversée par ce genre d'annonce terrible, par cette nouvelle vie qui s'annonce lourde et inquiétante : traitements, suivis, précautions, risques… Ce ne sont pas des mots que l'on se prépare à entendre quand on devient parent. Alors des parents déjà en difficultés personnelles, comment peuvent-ils affronter cela, seuls ? Heureusement pour nous, nous avons eu la chance d'être pris en charge, finalement, par une équipe formidable, attentionnée et compréhensive.

Certains médecins répondront qu'ils sont là pour traiter la maladie de l'enfant, qu'ils ne sont ni psychologues ni pédagogues. Mais tous ces mois où nous étions ballottés d'un rendez-vous à l'autre, assommés d'informations et d'avertissements effrayants, je les ai vécus violemment. Ça marque, pour longtemps. Le quotidien de l'enfant, ses douleurs, son ras-le-bol, ses angoisses, ce sont les parents qui les assument, pas le corps médical. Alors, comment le gérer quand nous sommes désarmés, inquiets, culpabilisés de ne pas être à la hauteur ? Sans parler des difficultés financières que subissent un bon nombre de mamans solos, partagées entre travail et soin. Elles doivent souvent renoncer à un travail à temps plein, et se demandent comment finir le mois. Du soucis ajoutée à l'inquiétude. Je me demande souvent comment ma fille aurait vécu sa maladie si j'avais cédé à l'envie de me jeter du balcon, écrasée par la culpabilité de ne pas être une mère capable, comme me l'avait reproché le médecin. Il m'aura fallu la colère d'un ras-le-bol pour oser dire stop, m'opposer et prendre ma position de mère, pour décider de trouver un service qui soit, je l'ai espéré de tout mon cœur, un peu plus à notre écoute. Et j'ai bien fait de m'écouter. Finalement, nous avons réussi à trouver des médecins humains. Un peu de douceur et d'empathie a tout changé dans la relation de confiance avec le corps médical et la gestion de la maladie.

Un autre sujet me tient à cœur que je voudrais partager avec vous : les tabous sociaux autour de la dépression qui, au mieux, créent des obstacles, au pire, plombent une vie. La société entretient des images autour de la grossesse, comme de la dépression, qui deviennent un fardeau pour celui qui n'y répond pas. Une femme heureuse et épanouie avec son gros ventre, des gens forts qui peuvent tout encaisser, voilà ce qu'on veut voir. Sorti de ça, vous êtes blâmés.

Les futures mères endossent une image « sacrée », une image que peu de gens acceptent de leur enlever : elles portent la vie, c'est un miracle, c'est beau, c'est une chance. Qui accepte d'entendre le contraire ? Combien de femmes renoncent à dire qu'elles ne supportent plus leur corps transformé, lourd, grossi ? Qui entend que ce peut être troublant, voire effrayant, d'habiter un corps qui appartient désormais à un bébé invisible, et aux médecins qui l'auscultent régulièrement sans pudeur, qui n'est plus vraiment le leur ? Qui comprend sincèrement qu'elles peuvent se sentir perdues, effrayées par leur future vie, leurs futures responsabilités, ou prises dans de terribles événements personnels. Leur demander de se taire, c'est les enfermer soit dans la honte de ne pas penser « normalement », soit dans la colère de ne pas être reconnue avec leur histoire, leurs émotions. Parler c'est réparer, taire c'est empirer.

Et puis, finalement, moi qui n'aimais pas devoir partager mon corps, qui n'aimais pas l'idée de changer de vie pour un enfant, qui ne ressentais rien pour elle les premières semaines, aujourd'hui ma fille est ma plus belle histoire d'amour. Acceptons que cette période de vie puisse ne pas être la plus belle pour une femme, mais une étape, inquiétante, troublante, qui n'empêche pas de faire une belle rencontre avec son enfant. Acceptons que l'instinct maternel n'aille pas de soi, que parfois la rencontre ne se fasse pas au premier regard, qu'il faille du temps pour tisser le lien. Écouter ces femmes mal à l'aise avec leur grossesse ou leur nouveau-né, les accepter, les aider, ne serait-ce pas une chance offerte de vivre une belle histoire ?

Silence, colère, culpabilité, épuisement... J'ai voulu sciemment être réaliste sur ce quotidien infernal qui m'a fait basculer dans l'angoisse permanente, et doucement vers les idées les plus noires. Il est difficile pour quelqu'un qui n'en a jamais éprouvé de comprendre ce qu'est une crise d'angoisse. J'ai tenté de vous le faire découvrir et de vous faire ressentir comment l'angoisse m'a emmenée dans un abîme mental incontrôlable, vers les pires idées, les plus extrêmes, seules issues à cette vie cauchemardesque. S'il vous plaît ne jugez pas ceux qui sont dépassés, écrasés, par leurs souffrances intérieures et invisibles

Il n'y a pas de faiblesse d'âme, il y a un trop plein de difficultés encaissées, secrètes, douloureuses.

De même, s'il vous plaît, ne regardez pas d'un mauvais œil les personnes qui fréquentent les hôpitaux psychiatriques. Ce sont des endroits merveilleux pour reprendre pied, du moins celui où j'étais fait partie des meilleurs souvenirs de ma vie. Je m'y suis retrouvée, on m'y a entourée, accompagnée, écoutée, dans un cocon protecteur et positif. Les psychologues, les psychiatres, tous ces spécialistes de la santé mentale, il est bien dommage qu'on ait tant de mal à accepter de passer le pas pour leur demander de l'aide… Moi, ils m'ont sauvé la vie. Quand dira-t-on « Désolée, je dois y aller, j'ai rendez-vous chez mon psy », comme on dit « Désolée, je dois y aller, j'ai rendez-vous chez le dentiste » ? Il n'y a pas de honte à prendre soin de ses dents, il ne devrait pas y avoir de honte à prendre soin de son moral.

De même, on prend des antidouleurs pour les crises de tendinite, pourquoi ne prendrait-on pas des « antidouleurs pour le psychisme » ? Les antidépresseurs et les anxiolytiques sont diabolisés, mais avec un dosage surveillé et un suivi régulier, ils sont parfois la seule solution pour apaiser les douleurs de l'âme qui nous terrassent. Quand elles nous empêchent d'être nous-mêmes, un soulagement chimique aide efficacement, le temps de faire du ménage dans ses idées.

Cette dépression m'est tombée dessus pendant la grossesse, mais elle aurait pu arriver à un autre moment. Comme tout un chacun, j'ai eu mon lot de casseroles que je tentais de gérer sans y penser. Et comme cela peut arriver à tout le monde, un jour le tas de casseroles s'effondre. J'ai la chance, avec mes thérapies, de remettre ma vie dans un ordre mieux établi. Quelque part, c'était une transformation bienvenue pour affronter la suite. Elle m'a rendue attentive aux personnes angoissées, je les comprends et je peux les aider à passer la crise.

Je remercie sincèrement tous les médecins, psychiatres, psychologues, hypnothérapeutes, proches et amis qui m'ont aidée à me relever, avec patience et écoute. Je souhaite que toute personne qui perd pied puisse être aidée sans honte, sans regard les jugeant faibles, sans difficultés financières. Là aussi, il y aurait quelques progrès à faire, soigner son mental, ça a un coût et c'est bien dommage que cela puisse devenir une barrière.

Mais surtout, je voudrais que mon témoignage redonne de l'espoir à quelqu'un, à plusieurs personnes, à qui en a besoin.

Hyperémèse, dépression, mucoviscidose, séparation, je peux dire que ces deux années ont été les plus difficiles de ma vie, mais elles m'ont changée, en mieux. Je n'aurais pas cru être capable d'aimer ma fille si fort, de gérer sa maladie, d'organiser un quotidien si fatigant tout en la choyant, de partir en voyage avec mon bébé, prononcer des discours en public… Je ne me serais jamais cru capable de tout ça quand on m'a annoncé ma grossesse.

Finalement, je me suis découverte, j'ai appris à reconnaître mes forces et à accepter mes faiblesses. Je commence à comprendre ce que ma meilleure amie Céline voulait me dire en disant : « Tu es forte ! » Jusque-là, je me trouvais faible de subir mes angoisses sans arriver à les maîtriser. Je réalise qu'il serait bien compliqué de ne pas angoisser de perdre le contrôle de son corps, de ses pensées, de sa vie et puis de ne pas s'angoisser pour la santé de sa petite fille. Je pensais que personne ne pourrait le comprendre ni nous aider, que j'étais seule à bâtir notre bonheur malgré tous ces obstacles. Depuis, les signes du destin et les rencontres incroyables m'ont appris à sortir de notre totale discrétion sur sa maladie. Aujourd'hui, je sais qu'il existe de la solidarité et de la bienveillance. Peut-être pas partout ni chez tout le monde, mais ça existe et ça fait du bien ! En osant faire confiance, j'ai rencontré des personnes tellement humaines, dans le corps médical, au travail, à la crèche, à l'école, dans les associations, nos amis, ma famille… Sans en faire la liste, je remercie sincèrement, du fond de mon cœur toutes celles et tous ceux qui nous ont soutenues, écoutées, accueillies, aidées, aimées. Ils nous donnent de la force pour continuer à faire de nos vies un combat pour le bonheur. May-Lan et moi, on se bat pour que la vie soit belle.

Aujourd'hui, ma fille est en CP, toujours énergique et joyeuse. Elle a une belle âme, généreuse, et un sacré caractère, combative, décidée. Je suis tellement fière et impressionnée par son courage et sa personnalité. Toujours attentive aux personnes tristes, aux malades, aux pauvres. Elle pose sa main sur eux pour les réconforter, leur donne une pièce. Un bébé qui pleure, elle arrête tout pour aller le consoler. Elle me donne parfois des leçons de charité. Réellement, elle m'a transformée, en mieux.

Pour le moment, elle termine le traitement pour soigner son pyo. On croise les doigts pour qu'il ne soit pas prolongé, que tout soit vite rentré dans l'ordre, car cela ne nous empêche pas de continuer à rêver de voyage. Nous préparons notre départ pour un tour en Thaïlande, toujours avec l'accord et la surveillance du CRCM. Je dois rester prudente. Même si la trithérapie améliore vraiment sa vie, elle reste très sensible aux bactéries. Chaque année, nos petits guerriers gagnent un peu plus d'espérance et de qualité de vie. Je pense souvent à Grégory Lemarchal, à son courage, à son combat, à ce qu'il a semé. S'il voyait les progrès que sa célébrité a permis, il serait heureux pour nous.

Quoi qu'il en soit, malgré l'inquiétude latente, j'ai décidé de vivre, et que ma fille ait une vie riche de souvenirs. Je ne sais pas ce que l'avenir nous réserve, mais nous profitons de ce que la vie nous offre. Je ne vais pas vous mentir, tous les jours ne sont pas roses. Il y a des hauts et des bas, au rythme des bonnes et mauvaises nouvelles, mais un dicton que je me suis tatoué en Thaïlande m'aide à tenir le cap : « Apprends d'hier, vis pour aujourd'hui, espère pour demain ».

Quand je regarde en arrière, je réalise que j'aurais pu passer à côté de toutes ces belles choses que je vis avec elle si j'avais sauté du balcon. Un instant de désespoir aurait pu gâcher tout ce bonheur, tout cet amour. La vie, après toutes ces épreuves, a une saveur particulière, forte.

Oser rencontrer, oser rêver et croire que demain pourra aller mieux, voilà le message que j'aimerais partager à ceux qui sont dans le fond d'un abîme ou dépassés par l'annonce d'une maladie. On a plus de force qu'on ne le pense, surtout pour les gens qu'on aime.

Oui, j'ai découvert qui je suis, le jour où je lui ai donné la vie, et si la vie lui sera parfois trop difficile, je me battrai toujours pour elle…

Merci !

Merci du fond du cœur

à **Maman, Fabien, papa, mes frères et sœurs, mon parrain, à l'ensemble de ma famille et à la personne qui partage ma vie**,

pour la force qu'ils nous donnent.

Merci à **mes amis**,

de nous offrir des moments de joie et une épaule pour les coups durs,

spécialement à **Céline**, ma meilleure amie,

qui ne m'a jamais lâchée.

Merci à **Nounou Sylvie**,

d'avoir veillé sur nous pendant trois ans.

Merci à toute **l'équipe du CRCM de Montpellier**,

pour leur accompagnement si humain.

Merci à **mes patrons actuels**,

pour leur compréhension, leur bienveillance envers May-Lan et moi.

Merci à **toutes les personnes présentes dans nos vies aujourd'hui, à vous tous qui avez été là pour nous, à un moment où nous en avions besoin, ou à des moments**

plus légers et heureux.

Merci à **Magali, au personnel du CMP et de la clinique psychiatrique,**

pour leur écoute et leur gentillesse, la porte ouverte sur la guérison.

Merci **aux associations,**

Association Grégory Lemarchal, (Pierre, Laurence et Leslie Lemarchal), et **Vaincre la mucoviscidose,**

pour leur investissement et l'avancée des recherches,

pour l'espoir qu'ils nous donnent.

https://www.association-gregorylemarchal.org

https://www.vaincrelamuco.org

Un merci particulier

à **Eric et aux bénévoles de C'est pour toi,**

pour m'avoir permis de m'ouvrir, de parler et aujourd'hui de financer ce livre qui me tient à cœur.

Si vous voulez aider cette superbe association, n'hésitez pas : http://cestpourtoi.fr

Merci à **Jérémy Sinka,**

pour cette formidable expérience de shooting, ces magnifiques souvenirs fixés en images qui m'émeuvent toujours autant.

https://www.jeremysinka.com/studio

Merci à **Florence,**

que le destin a d'abord mise sur le chemin de l'école de May-Lan, puis sur le mien pour m'aider à écrire ce livre, en cherchant toujours le mot juste, en respectant notre histoire sans jamais la juger.

https://www.memoire-partagee.fr

Merci à tous,

de nous permettre de construire une belle histoire à May-Lan.

« Surtout, dites-leur de ne jamais baisser les bras ! »

(Grégory Lemarchal)

Pour nous retrouver et nous découvrir un peu plus, retrouvez-nous sur

Facebook : https://www.facebook.com/vies.entrelacees

Instagram : nos_vies_entrelacees

Tant de belles personnes autour de nous...

En souvenir d'Alexandra...

© Amélie Viney & Florence Salou, 2024

Édition : BoD – Books on Demand, info@bod.fr

Impression : BoD – Books on Demand, In de Tarpen 42, Norderstedt (Allemagne)

Impression à la demande

ISBN : 978-2-3225-3769-3

Dépôt légal : mai 2024

14.99€

MIXTE
Papier issu de sources responsables
Paper from responsible sources
FSC® C105338
FSC
www.fsc.org